Lâcher prise sans tout lâcher

Apprenez à dire non en gardant une pensée positive

Nouvelle édition

© Les Éditions PoP
Supervision : Isabelle Quentin éditeur inc.
Recherche et rédaction : Michèle Dumont Portugais
Mise à jour 2005 : Laurence Benveniste
Mise à jour 2007 : Geneviève Rouleau
Mise à jour 2009 : Geneviève Rouleau
Infographie : Marie-Odile Thellen
Couverture : Jessica Papineau-Lapierre

Dépôt légaux :
Bibliothèque et Archives nationales du Québec
Bibliothèque et Archives Canada

Imprimé au Canada

ISBN : 978-2-89638-151-7

NOTE DE L'ÉDITEUR

Ce livre vous présente une synthèse des connaissances actuelles compilées à partir de l'information disponible sur la toile. Il s'agit donc des données les plus à jour sur le sujet. La cueillette a été effectuée à partir de sites du monde entier afin de vous faire bénéficier de ce qui est connu au delà de nos frontières.

Le lecteur trouvera, outre le point sur le thème, des annexes extrêmement utiles. Il s'agit d'un descriptif des sites explorés, d'une médiagraphie et d'une liste de ressources utiles au Canada et au Québec.

Nous souhaitons ici vous transmettre une information de la meilleure qualité qui soit, mais des renseignements trouvés peuvent s'avérer faux ou discutables. Le lecteur devra donc avoir en tête que cet ouvrage est une somme de renseignements et non le message d'un auteur. Nous n'y défendons aucune position particulière, vous proposant même, parfois, des points de vue contradictoires. Enfin, nous vous invitons, lorsqu'il s'agit de données médicales, à toujours consulter votre médecin avant d'entreprendre quelque activité ou traitement que ce soit. Nous espérons que cet ouvrage vous apportera joie, renseignements utiles et détente. Bonne lecture.

TABLE DES MATIÈRES

CHAPITRE I
À PROPOS DU LÂCHER PRISE

D'abord, une petite mise en garde

L'équilibre d'une personne est composé de tous ses déséquilibres. Les grands principes et les grands postulats galvaudés qu'on applique aveuglément ne représentent pas les meilleures solutions pour tous. Puisque, dans la démarche du lâcher prise, chacun est responsable de ce qu'il fait des principes généraux, une mise en garde s'impose : tout ce qui est mentionné dans cet ouvrage ne l'est qu'à titre indicatif. Nous n'avons pas la prétention d'énoncer des postulats convenant à tout un chacun. Ce qui est approprié pour la majorité des gens peut ne pas l'être pour vous et il est tout à fait acceptable qu'il en soit ainsi.

Ce livre ne prétend pas proposer de grandes vérités. Si une proposition vous convient, servez-vous-en. Si elle ne vous satisfait pas, oubliez-la. Certaines suggestions vous déplaisent ? Certaines affirmations vous offusquent ? Certains propos vous blessent ? C'est que, bien malgré nous, nous avons commis une maladresse. Veuillez ne pas en tenir compte.

Le lâcher prise est une démarche qui comprend diverses facettes et vous gagnerez beaucoup en développant votre propre façon de faire. Ce livre n'est qu'un ouvrage parmi tant d'autres sur le sujet. Plusieurs sites Internet y sont aussi consacrés. Plus vous trouverez de suggestions intéressantes, plus vous aurez de chances de parvenir à vos fins.

Qu'est-ce que le lâcher prise ?

Le lâcher prise est une attitude par laquelle nous parvenons à nous détacher des événements contrariants de notre quotidien. Il permet également de surmonter plus facilement la majorité des coups durs de l'existence, de se prendre en charge et de modifier ses comportements, tout en réduisant la sensation d'angoisse éprouvée devant l'inconnu.

Les contrariétés et les émotions négatives que nous ressentons proviennent généralement du fait que nous avons perpétuellement à l'esprit une image précise de ce que nous attendons et de la façon dont nous le souhaitons. Or, ces attentes nous valent souvent des déceptions. Nous concevons ce qui est acceptable, obligatoire, nécessaire, et ce qui nous semble interdit, exclu, néfaste. Ces conceptions servent de piliers à nos attentes. Force nous est d'admettre, cependant, qu'il n'en va pas toujours selon nos vœux. Il convient alors de réviser les idées préconçues que nous entretenons à l'égard d'une situation : elles sont souvent à l'origine de nos déceptions et de nos frustrations.

Ainsi, en raison des attentes que nous entretenons et que nous transformons en contraintes, les événements deviennent souvent sources de frustrations. En lâchant prise face à nos exigences, il est possible d'éviter ces moments de déception. Rassurez-vous, il ne s'agit pas d'aspirer à devenir des êtres exempts de désirs, mais plutôt de comprendre, dans un premier temps, que trop d'attentes occasionnent beaucoup de désillusions et que, deuxièmement, leur réduction favorise notre adaptation aux diverses situations qui se présentent et, par conséquent, augmente les possibilités de satisfaction. La technique du lâcher prise nous encourage à ne plus tenter de dominer une situation ou de contrôler les événements.

Peut-être avez-vous cette habitude de chercher à tout contrôler, à tout planifier, à tout prévoir ? Peut-être, selon vous, est-ce la meilleure façon

de procéder? Mais, peut-être est-ce la seule que vous connaissiez?...
Peut-être trouvez-vous que cette attitude vous laisse bien peu de répit?
Et pour cause: vouloir tout contrôler requiert beaucoup d'énergie. Si tel
est votre cas, vous trouverez ici des propositions, des énoncés qui vous
aideront à concevoir les choses autrement.

Quelques précisions

Il faut faire la distinction entre l'idée de contrôler un événement et le
désir de le susciter ou d'y participer. Lorsqu'on tente de tout contrôler,
on déploie beaucoup d'efforts pour que seuls les événements prévus se
produisent et qu'ils se produisent tel que prévu. Avec une telle attitude,
on termine ses journées fatigué et tendu.

Par contre, en lâchant prise face à nos exigences parfois irréalistes, nous
parvenons à maintenir intacte une bonne part de nos énergies. Nous
avons, ainsi, beaucoup plus de facilité à nous ajuster. Moins d'énergie
est investie dans le contrôle de ce qui peut, de toute façon, nous échapper.
Lentement, graduellement, on parvient à admettre qu'il est tout à fait
acceptable qu'un événement se déroule un peu différemment de ce
qu'on avait prévu.

Ainsi, plutôt que de nous acharner à contrôler de multiples petits
détails, nous utilisons notre énergie pour faire ce qui nous tient réellement
à cœur. Nous préservons nos forces pour ce qui nous importe vraiment. Et, bien sûr, on accepte de devoir recommencer, de se réajuster et
de se réorganiser. À plus long terme, le lâcher prise permet de se
prémunir contre les imprévus et les désagréments, et ce, quels que soient
les événements.

Mais encore ?

En se cantonnant dans une attitude rigide et figée, il suffit de bien peu pour que tout aille de travers. Un simple détail, un oubli, un manque de vigilance, et tout est bouleversé. Le lâcher prise permet de s'ouvrir à l'originalité. Plutôt que d'adopter des comportements qui, de toute façon, ne garantissent pas les résultats escomptés, on s'adapte aux circonstances et on fait preuve de créativité. À situation différente, solution différente. À situation nouvelle, solution nouvelle.

Élargissons la définition

Le lâcher prise peut sembler paradoxal pour qui n'est pas familier avec le concept. Il convient donc, avant de poursuivre, de réviser un peu plus en profondeur quelques notions déjà vues. Le lâcher prise est une attitude, une façon d'envisager les événements et de considérer leur impact et leur importance. Adopter cette attitude peut demander un travail sur soi. Mais il n'existe ni grand modèle, ni exigence de grand résultat. Il s'agit de quelques efforts qui peuvent être faits progressivement et à un rythme lent, mais qui s'avéreront très efficaces. Le seul résultat escompté est de se sentir un peu mieux, un peu plus détendu, un peu plus disponible. On pourrait ainsi définir le lâcher prise par : « qui a du temps pour soi, qui accueille bien ce qui est différent ou nouveau ».

Le lâcher prise se fait graduellement, pas à pas, par de petites prises de conscience et par l'intégration progressive de réactions et de comportements différents. Il va sans dire que cette technique se met plus facilement en pratique dans un climat de détente, mais il est possible de l'appliquer, peu importe la situation.

Chaque personne est un amalgame unique d'expériences, de goûts et de motivations. Par conséquent, rien n'est imposé ; ce livre n'est qu'un ensemble de suggestions. À vous de choisir, selon ce que vous vivez, ce qui vous semble le plus utile. Si certains passages du livre vous font réaliser qu'une autre façon de réagir aurait été plus adéquate par le passé, ne culpabilisez pas. Refusez la culpabilité, elle ne changera rien au passé et ne vous aidera pas à réagir autrement dans le futur. Changer de perspective est déjà une tâche suffisante !

Par où commencer ?

Vous avez le droit de changer et vous pouvez assumer la responsabilité d'entreprendre le processus qui mène au changement. Tout émane de la décision de remettre en question les façons de réagir auxquelles on est habitué, même si elles sont très répandues et largement acceptées. Regardez autour de vous, vous constaterez qu'une bonne partie de la population est angoissée ou malheureuse. On peut donc en déduire que les attitudes et les comportements les plus répandus n'ont pas que des résultats heureux… C'est ici que ce livre intervient, pour vous proposer d'autres façons de réagir. Les gens réagissent de différemment aux mêmes situations. Certains semblent plus détendus et plus heureux. Inspirez-vous de leur attitude pour entreprendre votre propre démarche de mieux-être.

Comment procéder ?

En cherchant de nouvelles solutions à leurs problèmes, certaines personnes acceptent de tout remettre en question, de tout bouleverser. Or, elles se retrouvent ensuite quelque peu désorientées.

> *Voici un bon conseil : Allez-y un pas à la fois, sans grands éclats. Quand il s'agit de modifier des attitudes, il faut se laisser le temps de s'habituer au changement.*

Donc, peu à la fois, sans que ça ne paraisse trop. Il importe de se donner du temps, de l'espace et de la latitude afin de s'habituer à la nouveauté. Il faut également trouver une zone de confort et chercher à se reposer un peu avant d'entreprendre une autre étape de changement. On modifie quelques points, puis on laisse retomber la poussière. On évite ainsi beaucoup d'anxiété.

Dans dix ans, vous aurez parcouru un bon bout de chemin. Vous aurez toujours envie de changer, de progresser, d'essayer de nouvelles façons de réagir ou de voir les choses. Vous envisagerez avec un certain enthousiasme le chemin à parcourir. À l'inverse, en remuant tout votre quotidien en un seul jour – et ce, chaque jour –, dans dix ans, il se peut que rien n'ait vraiment changé et que vous soyez un peu désabusé. Vous aurez bien essayé, vous y aurez consacré beaucoup d'énergie. Mais, même en ayant travaillé d'arrache-pied, vous serez peut-être déçu des résultats.

> *L'important est de procéder à votre rythme et, si possible, sans que cela ne paraisse. Le lâcher prise se fait petit à petit, rien n'est imposé, pas même des résultats précis. Il ne s'agit pas de faire preuve de courage ni d'entreprendre une démarche titanesque.*

Votre but devrait être de vous porter un peu mieux, facilement et aisément, sans vous faire souffrir mille incertitudes et remises en question. Si vous faites de ce changement un travail inouï, vous aurez peut-être tendance à vous acharner sur des détails, avant de constater qu'il existe de meilleurs parcours, plus rapides et plus sûrs. Vous parviendrez peut-être à destination, mais dans quel état? Pourrez-vous alors vraiment en profiter?

On peut donc supposer qu'il suffit de s'adapter quelque peu pour répondre aux exigences d'une situation. Il en va comme dans la conduite automobile. Pour se déplacer en ligne droite, on doit effectuer une multitude de petits ajustements. En maintenant le volant strictement droit, on court directement à la sortie de route et à l'accident. Avec l'expérience, ces ajustements se font sans qu'on ait à y penser, automatiquement, instinctivement. On ne s'en rend même plus compte. Se déplacer en ligne droite dans la vie requiert autant de petits ajustements. En exigeant que tout soit exactement conforme à ce que l'on désire, on perd parfois la souplesse nécessaire pour parvenir à ses fins. Et, si l'on se rend quand même à destination, c'est au prix de plus grands efforts. Le parcours est, de plus, bien désagréable.

À qui s'adresse le lâcher prise ?

Le lâcher prise s'adresse à tout individu qui désire vivre un peu moins de stress, d'une façon ou d'une autre. Que ce soit dans notre vie professionnelle, affective ou sociale, il y a souvent beaucoup de tension inutile. Que ce soit par un désir du rendement, de contrôle, d'être apprécié ou parce que nos voulons que les choses soient à notre goût, nous avons tous tendance à nous imposer du stress inutilement.

Bien sûr, il est agréable de produire et de réaliser, il est agréable que les événements se déroulent comme nous l'avions souhaité ! Vive l'efficacité, le rendement et la performance ! Il est agréable d'exercer un contrôle sur les événements et d'être apprécié. Lorsque les choses vont rondement, on ressent apaisement et sécurité. Mais quand ces désirs deviennent des exigences, un problème survient.

La réalité est rarement conforme à nos désirs et à nos attentes. Mais est ce nécessaire d'en faire un drame ? Non. Tant que le résultat final n'entraîne pas de graves conséquences, nous pouvons lâcher prise face à nos exigences et, parfois même, carrément renoncer. On peut très bien laisser le monde tourner sans s'en occuper.

> À la phrase « pourquoi remettre à plus tard ce qu'on peut faire aujourd'hui », il est sain d'opposer « à chaque jour suffit sa peine » et « qui veut aller loin ménage sa monture ».

Ce sont souvent les exigences que nous entretenons qui nous incitent à nous épuiser et à dépasser nos limites. Il y a en effet une différence entre se dépasser et dépasser ses limites. Ces deux expressions sont malheureusement souvent confondues. Elles ne le devraient pas.

Il est donc proposé d'abandonner ses exigences ou de les transformer en préférences. Cependant, cela ne se fait pas tout seul, du moins pas au début. La décision de lâcher prise, en ce qui a trait à certaines attentes et exigences, peut entraîner un sentiment d'insécurité ou d'inconfort, voire de culpabilité. En effet, un grand besoin de contrôle traduit souvent une forme d'insécurité, et lâcher prise dans ce désir de tout contrôler correspond aussi à admettre et à assumer son insécurité, ce qui n'est pas facile.

En langage imagé, assumer son insécurité, c'est un peu comme enlever un pansement pour aller directement regarder et soigner la blessure. L'inconfort peut naître du changement que l'on pressent. Devant la possibilité de changement, on se demande souvent « mais qu'est-ce qui va m'arriver, où cela me mènera-t-il ? » Laisser tomber des comportements auxquels nous sommes habitués et dans lesquels nous nous complaisons, les troquer contre une nouvelle attitude, ça n'est pas nécessairement rassurant. C'est un peu comme sauter en parachute, sans en avoir l'habitude et sans savoir où l'on va atterrir.

Pourquoi lâcher prise?

Parce que le lâcher prise est une méthode toute simple, une attitude à développer à notre rythme, une technique qui améliore notre qualité de vie. Pourquoi nous en passer? Contrairement aux ateliers de gestion du stress en milieu de travail, qui comptent vous rendre plus endurant pour utiliser davantage vos ressources, contrairement aussi aux ateliers de gestion du temps, qui vous permettent de faire chaque semaine ce que vous souhaiteriez avoir un mois pour accomplir, le lâcher prise ne vise pas le rendement. Il s'agit ici d'accomplir la même tâche qu'avant, mais d'en sortir moins fatigué et doté de plus d'énergie, de moins d'inquiétude et de plus de satisfaction. Il peut aussi s'agir d'accomplir des tâches plus intéressantes et plus stimulantes, parce qu'on s'est débarrassé des tensions qui nous empêchaient de les entreprendre. Le lâcher prise, c'est, en ce qui a trait à n'importe quel aspect qui vous intéresse, obtenir ou accomplir le plus possible en s'attardant d'abord à réduire les tensions. On obtient et on accomplit ensuite, parce que c'est intéressant et stimulant.

Un grand nombre de personnes acceptent des contraintes qui semblent, *a priori*, peu importantes. Sans qu'elles ne s'en rendent vraiment compte, les contraintes s'accumulent, les unes après les autres, et le quotidien n'est plus agréable. Cependant, ceux qui nous ont plus ou moins imposé ces contraintes ne connaissent souvent même pas la difficulté que représentent leurs requêtes. En y regardant par deux fois, on remarquera peut-être aussi qu'il y a très peu de choses dans la vie de tous les jours que l'on fait vraiment pour soi. Il est donc proposé d'évaluer nos activités pour jauger leur importance et décider de leur pertinence, et de laisser savoir aux autres, surtout à ceux qui nous importunent, que leurs sempiternelles requêtes constituent une charge.

Il n'est pas nécessaire de préciser que ces demandes provoquent un épuisement, de laisser entendre qu'on veut couper les ponts, de blâmer ou de reprocher. C'est la base de la communication: ne pas blâmer directement, lorsque ça n'est pas nécessaire, afin d'éviter de provoquer chez l'autre une réaction de défense, des justifications ou des reproches ; ne pas se plaindre ou se lamenter, quand d'autres intonations peuvent transmettre la même information, afin qu'on ne sente pas une tentative de se faire prendre en pitié. Avant de se retrouver dans un état d'épuisement, il importe de communiquer ses griefs aux personnes concernées. L'idée sous-jacente est qu'il existe souvent une forme de solidarité naturelle entre les humains et les personnes de bonne volonté. Il suffit parfois que ces personnes se rendent compte de ce qui nous arrive pour qu'elles modifient leurs exigences ou pour qu'une main secourable vienne nous épauler.

Lâcher prise signifie abandonner l'idée de devoir tout accomplir seul pour démontrer qu'on est « capable ». Évidemment, tout être humain est capable de bien des choses, parfois même de choses extraordinaires. Au prix, toutefois, de différentes blessures, d'un épuisement nerveux, de nombreuses soirées passées seul, le nez dans les livres… Pourquoi pas ? Si tel est le prix à payer pour atteindre le but fixé… Mais, tant qu'à investir notre énergie, autant le faire dans des choses qui nous tiennent vraiment à cœur.

On se fait une image de soi, à laquelle on cherche à correspondre. C'est bien. Toutefois, lorsqu'elle devient un fardeau, il faut la réajuster, la réévaluer. Il importe, par exemple, de ne pas laisser les autres décharger leurs tâches sur nos épaules. Nous ne devrions pas avoir besoin d'accepter les tâches des autres pour être apprécié. Bien au contraire. Et, si nous avons besoin d'agir ainsi pour être apprécié, il faut peut-être nous questionner à savoir si les gens que nous fréquentons méritent tant d'efforts. Sommes-nous victimes de manipulation ? Ou de notre piètre estime de nous ? Les gens trop serviables et trop disponibles sont souvent exploités. Lequel de celui qui abuse ou de celui qui se laisse exploiter doit on aviser qu'il y a une forme d'abus ?

Toujours tenter de satisfaire les autres et négliger ses propres besoins ne suscite généralement ni le respect ni l'estime.

> *Chaque individu gagne à s'affirmer sans se sentir mal à l'aise ou coupable: «Je suis la personne la plus importante, c'est d'abord de moi dont je dois prendre soin.»*

Il ne s'agit pas d'être égoïste, ni de ne penser qu'à soi, au contraire. Une vie devient plus intéressante lorsqu'elle est truffée de contacts enrichissants et stimulants. Pour maintenir la présence de telles personnes auprès de soi, il convient de prendre soin d'eux aussi, de les aider à se sentir bien.

Pensez-y. Les gens aiment retourner là où ils se sentent bien. Si vous leur inspirez du bonheur, ils aimeront se trouver en votre compagnie. Il s'agit donc de prendre aussi bien soin de soi que des autres. Mais les autres demeurent quand même les autres, tout aussi proches soient-ils de vous, tout aussi importants soient-ils pour vous. La seule personne avec qui vous vivez vraiment, intensément, chaque heure et chaque minute, c'est vous. Par conséquent, vous êtes la personne qui peut, le mieux, prendre soin de vous-même, la personne dont c'est la responsabilité première. C'est d'abord à vous de vous protéger, de vous dorloter, de tenter de mener à bien ce qui vous intéresse.

Démontrer qu'on est «capable» n'est pas si important pour les gens qui nous entourent et qui nous apprécient souvent pour d'autres raisons. C'est parfois avec un tel hameçon qu'on se met dans le pétrin. «J'agis ainsi parce que je veux me prouver que je suis capable, parce que je veux prouver à telle personne que je suis capable ou parce que telle personne doute que je sois capable». C'est souvent pour démontrer qu'on est capable qu'on accepte d'en prendre toujours plus.

L'expression «pas capable est mort» – ou son équivalent – permet d'exiger de quelqu'un des niveaux de rendement trop élevés, de dévier son énergie vers des activités qui ne lui plaisent pas nécessairement ou qui ne lui sont pas essentielles.

L'expression «pas capable est mort» ne signifie rien d'autre que «celui qui s'est attaqué avec entêtement à une tâche qui dépasse ses limites et ses forces en est mort». Dépasser ses capacités avec déraison entraîne la mort. On accepte de relever un défi parce que cela nous enthousiasme, mais lorsque cela devient irréaliste, mieux vaut tempérer les ardeurs ! Il n'est pas question ici de refuser le changement, la transformation et le progrès. Il est question de refuser de s'astreindre à une tâche déraisonnable et de refuser de ne pas pouvoir l'interrompre. L'expression «pas capable est mort» implique l'obligation de poursuivre l'effort au-delà du raisonnable.

Il est question ici d'être contraint à un rendement. Même si, pour certaines personnes, cela semble légitime ou nécessaire, je peux affirmer que cela me rebute au plus haut point. Il me semble que l'obligation de rendement n'est pas à ce point nécessaire pour agir. Exemple : je peux apprendre à lire parce qu'il y a des tonnes de livres intéressants, sources de distraction et d'enseignement. Je peux apprendre à lire parce qu'on n'est jamais seul avec un bon livre. Apprendre à lire parce qu'on y est obligé est une des pires façons de le faire, car le plaisir vient beaucoup trop tard.

L'humain recherche les plaisirs. Apprendre quoi que ce soit demande de la détermination, de la constance. Tout apprentissage peut par moment être rebutant, mais il permet d'atteindre un objectif agréable. Ce but est parfois lointain, on peut donc l'oublier dans le processus et ne voir que la difficulté. En ramenant la joie dans l'apprentissage, ne serait ce qu'en se donnant un répit, on permet de poursuivre plus avant. «Pas capable est mort» interdit ce répit. Il ne semble pas qu'une telle phrase soit nécessaire, en quelque circonstance que ce soit.

«Pas capable est mort» rabaisse la personne et lui transmet pour message: «Fais-le et tais-toi.» Si vous avez de la difficulté à vous détacher des obligations que les autres vous imposent, méfiez-vous de cette phrase. Si un tel énoncé est très important pour vous, peut-être avez-vous de la difficulté à lâcher prise face à une foule de petites obligations qui apportent le tumulte dans votre vie?

Mais revenons aux contraintes qui minent notre quotidien. Peut-être nous faut-il admettre qu'une part de ce lot de contraintes nous est imputable. Avons-nous de la difficulté à dire non? Avons-nous continuellement quelque chose à prouver? Avons-nous à tout prix besoin de bien paraître aux yeux des autres? Avons-nous maladivement besoin de leur approbation? Nous vous proposons simplement de vérifier ce qu'il en est. Le simple fait de prendre conscience de ces petits détails peut, dans bien des cas, vous permettre de réduire le travail inutile. Voilà une autre façon de lâcher prise.

Besoin de contrôle?

Comme nous l'avons déjà mentionné, une attitude fréquente, face aux événements, consiste à exiger que les choses se déroulent tel que prévu ou souhaité. Si vous êtes de ces gens qui, en tout temps, ont besoin d'exercer un contrôle sur tous les aspects de leur vie, vous pourriez avoir tendance à contraindre les autres ou les événements à se conformer à vos attentes et exigences ou à décrocher et à tourner simplement le dos aux désagréments. Ces deux attitudes sont malheureusement inefficaces. Lâcher prise se résumerait, dans ce cas-ci, à laisser aller, à assumer calmement, à «faire avec», comme on dit en langage populaire.

Faire contre mauvaise fortune bon cœur. Un vieux proverbe chinois dit les choses autrement :

> « Connaître les autres est sagesse. Se connaître soi-même est sagesse suprême. Contrôler les autres est pouvoir. Se contrôler soi-même est pouvoir suprême. »

Aussi paradoxal que ça puisse sembler, le lâcher prise est une façon de parvenir à se contrôler. Devant ce qui peut entraîner une insatisfaction, on prend le contrôle sur soi, on accepte les événements tels qu'ils sont. Une fois qu'on est à nouveau en contrôle de soi, on peut entreprendre une action pour améliorer les choses.

Quitter une situation qui n'est pas comme on le souhaite interdit d'obtenir des résultats qu'on n'avait pas initialement prévus. Il peut pourtant y avoir là bien des surprises agréables. À l'opposé, exiger que les choses se déroulent tel que prévu est une source de stress assez importante. Lâcher prise, c'est se consacrer à ce qui importe vraiment et laisser tomber les détails qui n'importent pas. Quels sont-ils ? Ça dépend un peu de votre personnalité. Vous recevez des amis à souper. Le repas est excellent, mais votre conjoint n'avait pas mis le couvert correctement. Quel souvenir garderez-vous du souper ?

Dans quelles circonstances peut-on travailler au changement des attitudes ?

C'est souvent lors d'événements majeurs ou de crises qu'on prend conscience que quelque chose ne va pas. Dès lors, on se remet en question, on reconsidère les actions entreprises, on soupèse, on évalue. Il est bien de porter attention à ce qui ne va pas, mais une situation de crise n'est pas vraiment le bon moment pour essayer de nouveaux comportements. Lors d'événements majeurs, l'intensité est élevée. En effet, il est rare qu'on appelle « événement majeur » quelque chose qui nous laisse calme et indifférent. Si c'est « majeur », c'est habituellement intense. Lorsque l'intensité est élevée, il est difficile de voir clair et d'agir de façon vraiment opportune. On a plutôt tendance, dans ces moments, à faire des erreurs. Il n'est donc pas pertinent d'envisager de nouvelles solutions. Mieux vaut simplement rester sur des sentiers battus et essayer de « limiter l'ampleur des dégâts ».

Le changement de comportement ou d'attitude se planifie et se pratique alors qu'il n'y a rien de pressant ou de dangereux. Lorsque tout va bien, que tout est calme, il est opportun de risquer quelques façons d'être ou de faire qui ne nous sont pas familières. On est alors le plus à apte à essayer de penser ou d'agir différemment, surtout si cette nouvelle façon est très loin de celle qui nous est habituelle.

Par exemple, vous avez tendance à ressentir de l'insécurité affective. Pour cette raison, à chaque fois que vous entreprenez une nouvelle relation, vous accaparez l'autre d'une façon qui l'effraie. À l'inverse, si l'autre accepte cette façon de faire, après peu de temps, vous vous retrouvez dans une relation étouffante. Et c'est ainsi depuis plusieurs années. Vous voyez bien que le scénario se répète encore et encore, que c'est toujours la même histoire que vous vivez, d'une personne à l'autre. Vous connaissez bien ce refrain, et il ne semble pas permettre une vie de couple heureuse.

Ainsi donc, l'histoire se répète. Ce n'est pas au début de la prochaine relation qu'il vous sera facile d'essayer un nouveau comportement. Vous avez beau vous dire que, la prochaine fois, vous garderez un peu plus vos distances et que la relation débutera moins brusquement, il faut bien reconnaître que l'amorce d'une nouvelle relation comporte facilement une forte dose d'émotions propices à l'emportement. Il y a là beaucoup d'inconnu, beaucoup d'attrait. Donc, beaucoup d'intensité. Lorsqu'on se trouve dans l'intensité, il est plus difficile de voir clair. Alors, sans qu'on s'en rende nécessairement compte, on refait ce qu'on a toujours fait. On reproduit des comportements qu'on connaît déjà. Il serait bien trop insécurisant de tenter, dans une situation intense, des comportements qui nous sont étrangers! Et pour cause.

Au fond, on devrait progresser dans une relation non pas au rythme de l'enthousiasme, mais au rythme du confort. Comme cette nouvelle situation que je vis me semble confortable, il n'y a plus d'intensité pour m'aveugler.

Qu'est-ce que je désire maintenant et de quelle façon? Il n'est pas dit ici que toutes les relations doivent débuter très lentement et que, si vous procédez autrement, vous connaîtrez une rupture prématurée. Le contexte qui soutient cette discussion est un exemple qui repose sur le constat que toutes vos relations ont débuté dans une effervescence et se sont terminées abruptement, dans la déception. Si vous ne vivez pas ce type de relation à répétition, les conseils ne s'adressent pas à vous. De plus, tout cet exercice n'est qu'une illustration démontrant que le changement se fait plus facilement dans un état de calme. Pour modifier ses façons d'agir ou de penser et adopter de nouveaux comportements, de nouvelles attitudes, il est préférable de procéder dans le calme, ce que le lâcher prise contribue à faire, en créant un «espace» où les événements ne viennent pas nous heurter directement. Ici, on cherche une occasion de mettre en pratique le lâcher prise, on cherche une situation remplie d'intensité. Un bon exemple de ce type de situation est la rencontre d'une nouvelle conquête.

Il n'est pas nécessaire d'attendre de rencontrer quelqu'un qui vous fait chavirer pour entreprendre une démarche de changement. Habituel-lement, il y a un creux entre deux relations. À tout le moins, il serait souhaitable qu'il se produise une période pour vous retrouver, pour faire le point. Ce creux peut devenir confortable, vous permettre de prendre soin de vous-même, de vous accorder beaucoup de temps, de ne penser qu'à vous. Ce moment de répit peut aussi être l'occasion de revoir tout ce qui a trait à vos rapports affectifs. Il arrive souvent qu'on reproduise, dans nos relations amoureuses, des comportements qu'on a déjà dans d'autres domaines. Y a-t-il, par exemple, des façons d'agir ou de penser par rapport à vos amis que vous pourriez modifier ? Des attitudes ou des comportements qui vous offriraient de belles occasions d'entreprendre une démarche de changement ?

Certains indices peuvent vous éclairer dans votre façon de vous comporter avec vos amis. Êtes-vous inquiet dès que vous êtes sans nouvelles de quelqu'un depuis plus de deux semaines ? Lorsque vous entretenez une conversation avec vos amis, dure-t-elle toujours plusieurs heures, les conversations plus brèves ne vous sécurisant pas assez, n'étant pas assez intenses pour que vous considériez avoir vécu de bons moments ? Des promesses de grandes retrouvailles sont-elles systématiquement formulées ? Parlez-vous l'un de l'autre au téléphone ? Vous enquérez-vous de l'autre et de sa vie ou ne parlez-vous que de vous-même ? Est-ce une conversation ou un monologue ?

Une conversation téléphonique avec un ami retrouvé n'a pas besoin d'être une grande communion des âmes. Cela peut n'être qu'un bref moment dans une journée. Cela peut aussi servir de prélude à autre chose, si vous le voulez. Mais lâchez prise quant à l'idée que ce doit être merveilleux, intense et enrichissant. Il arrivera encore que ce soit merveilleux, intense et enrichissant, mais cela n'est pas nécessaire à chaque fois. Et que ça ne le soit pas n'a pas besoin d'entraîner chez vous de grandes remises en question ou des instants de panique. Lâcher prise face à ces exigences vous permettra de ne pas toujours chercher la « grande » intensité lorsque vous rencontrerez quelqu'un qui vous attire.

Si vous ne pouvez pas supporter d'être quelque temps sans nouvelles des gens que vous appréciez, il se peut que ce soit parce que vous vous sentez rejeté dès qu'on vous néglige. Il se peut que vous vous sentiez abandonné si les gens ne s'inquiètent pas de vous. Ainsi, lorsque vous rencontrez quelqu'un de nouveau, vous demandez un contact incessant, vous demandez de l'attention en permanence, simplement pour vous sécuriser. Vous demandez à ce que l'autre soit constamment au-devant de vos besoins. Cette insécurité ou cette piètre estime de vous-même peut être lourde à porter et vous empêcher d'entretenir la relation saine que vous désirez depuis longtemps. Lâchez prise face à ces sentiments négatifs, en vous entraînant avec les gens qui sont déjà auprès de vous. Lentement, calmement, sans trop attendre de résultat, sans espérer de miracle.

Si vous aimez parler de longues heures au téléphone, ça peut très bien ne poser aucun problème. L'interlocuteur avait-il tout ce temps de disponible ? La question est : faut-il que toutes les conversations soient longues et intimes ? Est-ce seulement de cette façon que vous avez l'impression d'avoir parlé, d'avoir été compris ? Êtes-vous tendu si la conversation n'a pas été suffisamment longue ? Mesurez-vous l'intimité en minutes ? Alors, lorsque quelqu'un voudra être intime avec vous, il ne lui restera plus beaucoup de temps pour lui.

Ce ne sont que des indices, il ne faut pas en faire une analyse psychologique approfondie. S'ils peuvent vous permettre de changer vos façons d'agir, vous n'aurez pas besoin d'une nouvelle conquête pour vous entraîner. Détendez-vous, regardez autour de vous. Vous constaterez que vous avez probablement déjà de multiples occasions de vous exercer à agir et à réagir autrement. Lorsque se présentera la possibilité de vivre un nouvel amour, vous serez plus détendu et plus disponible à la nouveauté.

Dans le cas où vos relations amicales seraient empreintes des mêmes caractéristiques que vos amours, mais en beaucoup moins intense, vous avez là une occasion en or. Vous ne parlez que de vous ? Prenez la peine d'appeler l'un ou l'autre de vos amis pour prendre de ses nouvelles. L'appel n'a pas besoin d'être bien long. Vous pouvez vous informer de l'autre, en écoutant le plus possible, en répondant aux questions brièvement et en posant vous aussi des questions. Il n'est pas nécessaire de chercher de grands sujets philosophiques ou existentiels.

Lâchez prise face à l'exigence des grands moments intenses. Vous risquez de vous en porter *ordinairement* bien. *Ordinairement* bien ? Eh ! oui, chassez la nécessité de l'extraordinaire ! À ce moment-là, par simple voie de conséquence, il y aura moins de tensions, d'exigences et d'attentes. Vous vous sentirez beaucoup mieux. Et « être bien » fera désormais partie de votre « ordinaire ».

CHAPITRE II
DE L'EXIGENCE À LA PRÉFÉRENCE

Exiger que les événements se déroulent comme on le désire est lié à une phrase-clé : « il faut ». Il faut que ça fonctionne ainsi, il faut que je fasse telle chose, il faut que je la fasse ainsi, il faut que… n'importe quoi. On pourrait simplement dire « j'aimerais que », « je préférerais que », « il me plairait que ». On quitterait ainsi l'idée d'obligation pour entrer dans l'idée de désir. Cette façon de penser est déjà beaucoup moins astreignante.

On peut donc bannir l'expression « il faut » de son vocabulaire. Cette expression est la conclusion, toujours fausse, d'un long processus. En voici déjà une version corrigée :

> « Tenant compte de la façon dont je comprends la situation (au lieu de « telle est la situation, exactement ainsi et pas autrement »), tenant compte de ce qui est possible dans cette situation, tenant compte de ce que je désire obtenir de cette situation (au lieu de « voici ce qu'il faut obtenir à tout prix de la situation »), tenant compte de mes goûts et de mes aptitudes, tenant compte de l'importance que tout cela a pour moi (au lieu de « cela m'est essentiel, nécessaire, vital »), je considère que la solution la mieux adaptée est la suivante :
>
> _____ ; je compte donc aborder la situation de telle ou telle façon pour en obtenir ce que je désire (au lieu de " je n'ai pas le

choix, je dois absolument agir ainsi, à tout prix et de toute urgence ")».

Cette version remaniée permet déjà de prendre beaucoup de recul face aux exigences.

Plus de calme et une meilleure capacité d'adaptation en résulteront probablement, en termes d'attitude ou de comportement. Vous vivrez beaucoup moins de tension si les exigences sont muées en préférences. De plus, la longue proposition du paragraphe précédent permet de mieux cerner la situation et de déterminer les différentes options. En proposant plusieurs étapes à l'évaluation des circonstances, on élargit l'éventail des possibilités. Il devient ainsi possible de réviser les conclusions à chacune des étapes. Le comportement qu'on croit être le plus adéquat pour atteindre notre but, en une circonstance donnée, changera selon ces différentes évaluations. On pourra s'ajuster plus rapidement, afin de tirer son épingle du jeu. L'expression « il faut », pour sa part, condamne à une réponse unique.

Vous organisez une petite soirée. Vous voulez à tout prix que vos invités s'amusent. Vous êtes nerveux à l'idée qu'ils puissent s'ennuyer. Vous voulez qu'ils partent tard, qu'ils aient bien mangé et bien bu. Vous voulez qu'ils ne manquent de rien, qu'ils gardent un bon souvenir de cette petite réception, qu'il n'y ait pas de temps mort dans les conversations, vous voulez que les ustensiles soient correctement disposés, etc., etc. Bref, vous voulez bien des choses ! Ne pensez-vous pas que les exigences que vous entretenez face à la soirée vous feront paraître quelque peu crispé ? Vous voudrez sans doute tellement que vos invités ne manquent de rien que vous les harcèlerez. Et vous serez probablement si angoissé que vous ne vous amuserez pas du tout. Cela risque de paraître et vos invités le ressentiront. Au lieu d'entretenir toutes ces idées, toutes ces exigences, vous pourriez simplement souhaiter que vos invités s'amusent – ce qui est parfaitement légitime – et faire votre possible pour vous amuser, vous aussi. Lâchez prise.

La vie comme un voyage

Supposons que la vie est un voyage, c'est une image intéressante. Eh! bien, nous ne faisons, dans ce livre, que proposer une façon plus divertissante de voyager. Dans cette optique, lorsque, plus haut, il est écrit qu'il s'agit d'un travail sur soi, ce n'est pas tout à fait exact. Le mot « travail » est de trop, à cause des nombreux sous-entendus de tâche, de labeur et de rendement qui lui sont associés. Lâcher prise, ce n'est pas une façon de travailler sur soi, c'est une façon d'aborder la vie. L'idée pourrait se résumer ainsi : tant qu'à vivre, tant qu'à voyager dans l'existence, autant rendre cela agréable…

Lors d'un voyage, on ne visite pas qu'un seul monument. On visite des lieux, on rencontre des gens. On sort un peu, on mange au restaurant, on magasine, on part en expédition pour visiter le fameux monument. Tout comme un voyage, la vie n'est pas orientée vers un seul et unique but. On traverse des lieux, on rencontre des gens. On sort un peu, on mange au restaurant, on magasine, on atteint quelques objectifs et on aspire à l'accomplissement de certaines tâches. La vie, c'est un ensemble d'activités qui, toutes, peuvent apporter des satisfactions ; elle n'a pas à être toujours orientée vers un objectif en particulier. Si on ne concentre pas uniquement notre attention sur un but spécifique, on se permet beaucoup plus facilement de profiter de chaque petite occasion de divertissement, de repos et de bien-être. La vie offre alors beaucoup de variété, beaucoup de satisfaction. On ne vit pas que pour son travail ou pour ses amis. Il est ainsi plus motivant d'entreprendre d'autres démarches, de franchir d'autres étapes.

Lors d'un voyage à l'étranger, si l'on a pour projet la visite d'un musée et que, par malheur, il est fermé, ce n'est pas la fin du monde. Si on ne peut pas visiter le musée du Louvre, il reste encore Paris, la France, l'Europe et bien d'autres musées ! Dans la vie, comme en voyage, si on ne peut atteindre un objectif, il reste encore la vie elle-même. Et, la vie, c'est très vaste. Lors d'un voyage organisé pour visiter le Louvre, on prévoit l'hôtel, les restaurants, bref, les nombreux autres aspects du voyage. Dans la vie, trop souvent, lorsqu'on se consacre à l'atteinte d'un objectif, on néglige les autres aspects.

« La vie comme un voyage » propose de se regarder, comme un touriste, sa propre existence. Aucun touriste de passage à Montréal n'ira s'asseoir tous les jours pendant un mois aux portes d'un musée en cours de rénovation, dans l'attente qu'il rouvre. Il y a trop de choses intéressantes à faire pour perdre ainsi son temps. Pourtant, dans notre existence, nous allons parfois nous asseoir au fond de sombres culs-de-sac dans l'attente qu'un mur s'effondre. « Oui, mais le chemin de ma propre réalisation passe par là. » Il y a de multiples façons d'être ou de devenir soi-même. L'univers est vaste et varié. En regardant la vie sur notre planète, il est fascinant de constater toutes les formes qu'elle a pu prendre. Pourquoi, dans notre propre existence, nous limiter à une seule forme ? Maintenir cette exigence, c'est se couper des moyens vastes et variés de vivre une vie enrichissante, plaisante et stimulante.

Quitter les normes rigides

Mais revenons un peu à « l'exigence versus la préférence ». Lâcher prise, c'est passer de l'exigence à la préférence, c'est quitter le domaine des normes rigides et étouffantes, c'est faire face à des situations nouvelles avec créativité, souplesse et un désir d'adaptation. L'esprit créatif n'implique pas de critères de performance, de rendement, ni même d'originalité. Lâcher prise, c'est agir parfois d'une façon qui n'est pas totalement habituelle et trouver cela acceptable.

Le lâcher prise vous réserve de belles surprises. À première vue, cela peut sembler difficile. Tant que nous avons une attitude rigide, que nous portons en nous l'espoir que tout se passera en conformité avec nos attentes et que nous habite l'inquiétude qui va de pair avec cette attitude, il est normal que la nouveauté nous effraie. Dans une attitude stricte, chaque élément nouveau remet en question nos attentes et renforce notre besoin de contrôler les événements.

À l'opposé, lorsque mon attitude me prédispose à simplement tirer mon épingle du jeu, sans désir de grand gain ni crainte de grande perte, sans toujours chercher à obtenir le plus possible, ni toujours exactement ce à quoi je m'attendais, je reste plus détendu. Je regarde ce qui se produit. Cela me permet de remarquer des choses que j'aurais probablement manquées autrement. Vous pouvez penser et agir ainsi. C'est là que vous attendent les belles surprises. Dans cet inattendu, qui devient disponible.

Dans l'autre cas, qui consiste à adopter l'attitude rigide de celui qui veut obtenir exactement ce qu'il désire, il n'y a que deux possibilités : j'obtiens ce que j'exigeais, ce qui n'engendre pas de grande surprise, ou je ne l'obtiens pas, ce qui engendre des sentiments de déception et un état de frustration. Il y a là quelque chose de terne. Pour ramener de l'éclat, je peux me laisser aller à exiger plus en me disant que là réside le merveilleux. Cependant, j'augmente le risque de ne pas obtenir satisfaction. J'augmente les efforts à fournir, le contrôle à maintenir, je m'épuise et j'éprouve davantage d'anxiété. Et, lorsque d'aventure, le « merveilleux » exigé se réalise, je suis tellement à bout de souffle que je ne peux pas en profiter, je crains tellement de le perdre que je n'ose même pas y toucher.

Dans un très grand nombre de situations quotidiennes, des exigences inutiles s'ajoutent, tant à l'égard du quoi que du comment. Ces requêtes seraient moins lourdes si on les considérait comme des préférences. On éviterait de consacrer de grandes quantités d'énergie à des détails qui, s'ils peuvent rendre la vie plus agréable, ne sont pas nécessaires pour faire ce qu'on a à faire au travail ou apprécier la présence de l'autre dans notre relation. De plus, bien souvent, ces détails ne nous rendent pas la vie plus agréable du tout. Ils n'existent que dans notre esprit, simplement parce que nous avons appris que c'est ainsi que nous devons agir, que cela soit vrai ou non.

Lâcher prise, c'est, face aux désagréments de la vie, se demander s'il est vraiment nécessaire que les choses soient autrement que comme elles sont. Si ce n'est pas le cas, peut-être vaut-il mieux consacrer notre énergie à des choses qui nous tiennent davantage à cœur. Le lâcher prise n'est pas un résultat, c'est une attitude. Cependant, puisque cette façon d'être permet de libérer une grande part de notre énergie, des résultats peuvent s'ensuivre. Habituellement, ces résultats sont très agréables.

Le rendement et la performance

La culpabilité, quant à elle, provient du fait que nous tenons tellement au rendement et à la performance que nous nous blâmons si nous n'avons pas le stress pour moteur. C'est un peu comme si on se disait « les choses doivent être ainsi et je dois y consacrer toute mon énergie. Autrement, ça posera problème et ce sera ma faute ». On ne prend même plus le temps de regarder quelles sont « ces choses » ni d'évaluer leur importance.

Autrement dit, le mode de vie actuel nous a tellement programmés et conditionnés à être affolés que nous nous culpabilisons d'agir – et de réussir – dans un climat de calme et de détente. Il faut toujours faire plus et mieux. D'une certaine façon, il n'y a pas de juste milieu. Ou bien on entreprend un projet et on se lance tête baissée, en voulant réaliser « l'extraordinaire », ou bien on n'entreprend rien, parce que ça n'en vaut pas la peine, ça représente trop de difficultés, ça n'aura pas assez d'impact, ça ne sera pas « extraordinaire ». Les choses doivent être de telle façon ou elles n'en valent pas la peine. C'est dommage.

Lâcher prise signifie se convaincre qu'il n'est pas nécessaire de tout faire, ni de le faire sous pression, pour que ça fonctionne. Il est important de préciser toutefois que certaines personnes se complaisent dans le stress et qu'il convient de respecter ce choix. On peut, en quelque sorte, se droguer à l'adrénaline – et au rendement – au point d'en faire de l'insomnie et de ne plus pouvoir se reposer. C'est un peu à cela que mène l'obsession de toujours vouloir en faire davantage et de vouloir tout contrôler. Alors que certains choisissent de se calmer et de ménager leurs forces, tout en produisant et en profitant de la vie, d'autres s'épuisent beaucoup et rapidement. Tant que personne ne vit une détresse qui l'amène à demander de l'aide, on peut laisser aller.

> *C'est un choix légitime que de vouloir tout faire et à tout prix, au même titre que c'est un choix légitime que de vouloir ménager ses forces. L'essentiel est d'être bien et en paix avec ce que l'on a choisi, et de se souvenir que c'est un choix.*

Le lâcher prise ne vous invite pas à en faire plus ou moins, ni à changer vos goûts ou vos préférences. Le lâcher prise suggère de remettre les pendules à l'heure – à une heure différente – et de quitter les exigences qui, parfois, vous étouffent et vous font porter votre quotidien à bout de bras. Le lâcher prise vous invite à regarder ce que vous faites, à identifier l'aspect que vous souhaitez modifier en premier, puis à désamorcer les tensions qui vous empêchent d'intervenir sur ce point. Le lâcher prise vous propose d'entreprendre un changement, non pas comme une tâche de plus à accomplir, mais comme une façon d'atteindre un certain mieux-être et une certaine détente. Le lâcher prise, c'est utiliser la détente comme moyen de changement.

Le lâcher prise et le monde autour de soi

Le lâcher prise ne prétend pas qu'en changeant simplement votre attitude, tous les événements se teinteront de rose. Par exemple, il existe probablement, dans votre entourage, des gens que vous trouvez désagréables. Il en est ainsi pour tout le monde, à tel point qu'un psychologue, lors d'un congrès, avait intitulé son discours : « Même les paranoïaques ont des ennemis. » Ce qui signifie que même une personne qui est convaincue, à tort et à travers, que tout le monde lui veut du mal, a, autour d'elle, des gens qui lui en veulent effectivement. Ça doit donc être le cas d'un peu tout le monde.

Il ne faut pas se le cacher, tous les types de personnalités ne nous conviennent pas. Plus encore, certaines personnes, agréables pour d'autres, peuvent s'avérer fort malsaines pour nous. Lâcher prise ne signifie pas que vous ne devez plus vous défendre contre ceux qui cherchent à abuser de vous et à vous exploiter. Ce n'est pas parce que vous aurez lâché prise que les autres vous lâcheront pour autant. Vous aurez peut-être encore à dire non à différentes intrusions. Vous aurez peut-être encore à faire face à certaines contraintes que vous jugerez inutiles. Mais cela ne veut pas dire, toutefois, que ces situations doivent se maintenir dans le temps. Avec de la pratique, vous arriverez à vous ménager beaucoup plus d'espace. Comment ? Cela dépend un peu de vous et de votre personnalité. Peut-être simplement en apprenant à dire non, sans trop vous sentir coupable. Peut-être en assumant certaines contraintes comme on assume les jours de pluie, parce que ça finit par passer. La loi du moindre effort est parfois valable : si ça représente moins d'efforts d'accomplir la tâche que de chercher à l'éviter, le choix est évident.

CHAPITRE III
SAVOIR DIRE NON

Le lâcher prise est une attitude qui permet de favoriser ses goûts et ses intérêts. Or, pour consacrer du temps à ce qui nous tient vraiment à cœur, il convient de gérer autant que possible l'ensemble des contraintes, lesquelles peuvent provenir des événements, des autres... ou de nous-même. Parfois, on doit refuser de s'engager et de promettre. On doit refuser d'être disponible. En effet, même avec la meilleure volonté du monde, on ne peut pas tout faire. Il y a une limite aux capacités humaines et au nombre d'heures que comporte une journée. Par le lâcher prise, on parvient, progressivement, à trouver du temps là où il n'y en avait pas, simplement par une meilleure gestion des priorités et par une diminution du temps investi dans ce qui n'importe pas vraiment. Nous vous suggérons de garder à l'esprit qu'il importe de vous détendre et de vous reposer, de prendre du temps pour vous. (C'est parce que nous le suggérons avec insistance que nous le répétons souvent...)

Le lâcher prise, c'est aussi l'acceptation de nos imperfections, de notre faillibilité et de nos limites. Nous sommes imparfaits, nous commettons des erreurs et nous ne pouvons pas tout faire en même temps. Pour cette raison, il convient d'apprendre à dire non. Dans le cas contraire, on court à la dépression. On se retrouve rapidement écrasé sous les contraintes et les exigences. On accepte des contrats qui, pris un à un, auraient été attrayants, mais qui, tous ensemble, dépassent nos forces. On n'a plus de temps pour soi, on ne pense plus clairement, on commet des erreurs bêtes, qui font que tout est retardé. On ne peut plus répondre aux exigences qu'on a affirmé pouvoir satisfaire. Les gens autour de nous sont déçus. Parfois, notre incapacité à respecter nos engagements leur cause même de sérieux préjudices.

Il n'est pas mauvais de se lancer de grands défis ou de tenter de dépasser ses limites. Mais on ne peut pas vivre continuellement sur la corde raide sans en payer le prix. Épuisement, fatigue et problèmes de santé se présenteront. En ne sachant pas dire non, on se retrouve rapidement contraint à assumer un certain nombre de tâches inintéressantes, et ce, au détriment des activités auxquelles on aurait aimé se consacrer. Lorsqu'on se retrouve enseveli sous une montagne de tâches plus ou moins importantes, il n'est plus possible de se lancer de grands défis. Il s'agit donc de se garder du temps pour soi, pour se ressourcer, se détendre un peu. Il serait dommage de ne jamais atteindre ses objectifs personnels en raison d'un état général de fatigue, conséquence de notre incapacité à dire non.

Un autre danger, lié à notre incapacité à dire non, est le non-respect de nos engagements, ce qui risque, comme nous l'avons déjà mentionné, de décevoir ceux qui comptaient sur nous. Ceux-ci devront se réorganiser, parfois même reprendre notre travail. Si nous ne nous étions pas engagés envers eux, ils auraient tout simplement planifié les choses autrement. Nous avons souvent peur de dire non, parce que nous avons peur de décevoir. Et « en prendre trop » engendre malheureusement souvent la déception. À quel point les défis qui me sont proposés m'intéressent-ils ? À quel point est-il important que ce soit moi qui accomplisse les tâches en question ? À quel point serait-il grave que je n'aide pas ceux qui me le demandent ? À quel point suis-je responsable d'eux ? Suis-je la seule personne pouvant aider ? En acceptant d'aider quelqu'un, je lui évite d'avoir à chercher du soutien ailleurs. Je lui évite d'avoir à poursuivre ses démarches. Si, en fin de compte, je ne suis pas disponible, je lui cause du tort. Il se retrouvera en difficulté, une difficulté que j'aurai contribué à créer. Il est donc parfois difficile de dire non.

L'importance de dire non réside justement là : ne pas créer d'attentes qu'on ne pourra pas satisfaire, ne pas empêcher l'exploitation des autres solutions disponibles. Et le lâcher prise implique justement l'évaluation des attentes et l'exploration des solutions disponibles. Le lâcher prise implique le refus. Une aide qu'on n'espérait pas est d'un grand secours, mais une promesse d'aide qu'on ne respecte pas provoque l'effet contraire. Savoir dire non permet d'éviter des souffrances inutiles et on peut donc le faire sans culpabilité.

« Charité bien ordonnée commence par soi-même »

Après une semaine de travail, les heures supplémentaires sont habituellement rémunérées à un tarif plus élevé. C'est donc que la société admet sans réserve que, lorsque mon employeur me prive du temps que je veux accorder à mon jardin, à mes enfants ou à mes séances de yoga, il doit me payer en conséquence. Si je dis non à quelque chose de superflu, je ne fais que réserver, pour d'autres fins, ces heures dont la valeur est si hautement reconnue par la norme sociale.

Il convient de lâcher prise quant à l'idée qu'on n'a pas le droit de dire non, qu'on doit se sentir coupable de dire non. Dire non, c'est aussi assumer ses responsabilités. Dire non, c'est s'engager à ne pas nuire, à ne pas rendre plus précaire une situation difficile où un autre a besoin d'aide, une aide qu'on ne peut pas lui accorder.

Il convient aussi de lâcher prise quant à l'idée qu'on peut tout faire. Qu'est-ce qui vous tient à cœur, qu'est-ce qui importe pour vous ? Vous voulez passer du temps avec votre famille ? Que cela fasse alors partie de votre agenda, au même titre que votre emploi. Travailler permet d'avoir de l'argent pour vivre, mais encore faut-il avoir du temps pour vivre. C'est un cours d'artisanat qui vous tient à cœur ? La lecture de certains livres ? Des balades avec le chien ? Ce ne sont pas là des activités futiles. Parce qu'elles importent pour vous, elles en valent la peine. Réservez-leur du temps.

Comme il en va de tous les goûts, les vôtres ne sont pas à discuter. Les autres n'ont pas à valoriser ce que vous faites, ils n'ont pas à trouver cela important. Si ces « autres » sont vos amis, ils apprécieront de voir que vous vous offrez des instants de bonheur, même s'ils n'ont pas d'intérêt pour ce qui vous plaît. Il n'y a rien d'autre à dire : ce sont là des moments pour vous.

On commence par faire ce qui est nécessaire, ensuite on s'attarde à ce qui importe. Pour le reste, on verra. Tout faire correspond souvent à tout faire mal. Nous n'avons pas tous les mêmes capacités. C'est ainsi. Nos propres capacités peuvent changer d'une semaine à l'autre. Certains jours, je peux en faire plus ; d'autres, moins.

« À chaque jour suffit sa peine » n'est pas une expression dénuée de sens. L'idée de performance et de rendement entraîne avec elle un harassement, un épuisement. On se retrouve trop souvent vidés, incapables de profiter du temps libre et de se reposer. En général, nous avons besoin de temps mort avant de pouvoir retrouver un état propice au sommeil, nous devons faire le vide, nous libérer l'esprit avant de pouvoir trouver le sommeil.

> *Pour vivre vieux et en santé, en ces temps où l'espérance de vie grandit, il est bon d'avoir un quotidien à la fois satisfaisant et enrichissant mais, aussi, de préserver la qualité des moments où l'organisme refait ses forces.*

Lâcher prise, face à l'idée de performance à tout prix et face à tous les aspects de notre vie, permet de refaire nos forces et, ainsi, de performer davantage. C'est peut-être paradoxal, mais c'est ainsi. Lâcher prise quant à l'obligation de performance permet d'augmenter la performance. Pour en faire plus, il est pratiquement nécessaire de ne pas être obligé d'en faire tant. En se gardant du temps pour soi, on permet à la tension de diminuer, on permet à l'organisme de se détendre et on favorise le sommeil réparateur. En se gardant du temps pour faire ce qui nous tient à cœur, on augmente la sensation de satisfaction face à notre existence. Des charges quotidiennes envahissantes, qui donnent la sensation d'être enseveli sous des tonnes de responsabilités, favorisent la sensation d'insatisfaction, de frustration, de rancœur et d'amertume. La qualité de l'ensemble des performances s'en ressent. Tout est plus pénible et plus long à réaliser. En favorisant vos priorités et vos goûts, vous aurez moins l'impression que tout cela ne sert à rien, qu'il ne reste rien pour vous, que tout est de trop.

En réservant du temps pour faire ce qui vous plaît, la réalisation de ce qui est nécessaire vous demandera moins d'énergie, pour les mêmes efforts. Et, de ce fait, vous accomplirez les autres tâches avec plus d'enthousiasme et d'entrain. Lâcher prise quant à l'idée qu'il est égoïste de s'occuper de soi fait qu'on a plus d'énergie pour s'occuper des autres. En s'occupant d'abord de soi, on est en mesure de consacrer aux autres du temps de meilleure qualité.

L'ensemble des activités humaines est empreint de paradoxes semblables.

> *Pour obtenir un rendement dans une direction, il faut aussi favoriser la direction contraire. Pour favoriser le rendement, il faut aussi favoriser le repos. À l'inverse, si vous ne faites rien de vos journées, si vous ne dépensez pas votre énergie, il vous sera difficile de bien vous reposer.*

Ne rien faire engendre de la fatigue. Dépenser régulièrement une bonne dose d'énergie fait que vous serez plus en forme. Si vous ne prenez jamais de temps pour vous, donner du temps aux autres sera un fardeau. Si vous êtes généreux avec vous-même, il vous sera plus facile de l'être de vous-même.

CHAPITRE IV
LE LÂCHER PRISE EN AMOUR

Dans une relation de couple, on doit conserver au moins deux dimensions à l'esprit. Il y a, bien sûr, la relation émotive, mais il y a aussi – et c'est à ne pas oublier – la gestion du quotidien et des événements. L'éclat émotif se modifie avec le temps. Il s'atténue, il s'estompe. L'habitude s'installe. La vie à deux peut, malgré cela, demeurer très satisfaisante. Les moments passés en couple peuvent rester agréables et l'atmosphère plaisante et cordiale. Cependant, ces instants semblent plus routiniers. Il n'y a plus l'aspect stimulant de la nouveauté ; il n'y a plus autant d'éléments magiques et de surprise…

Il faut se rendre compte des possibilités. Certaines personnes n'aiment que les relations naissantes, avec l'imprévu et la découverte de l'autre. D'autres ne se sentent confortables que dans une relation stable et de longue durée. Il n'est pas question ici de prêcher pour les relations à long terme, pas plus que pour l'inverse, d'ailleurs. Cependant, il convient peut-être de nous questionner sur ce que nous voulons vraiment, en essayant de nous détacher des modèles de relation que véhicule la société, auxquels nous tentons plus ou moins consciemment de nous conformer.

Les modèles éclatés

En effet, les relations homme/femme ont déjà connu d'autres formes que celles qui sont actuellement en vogue. De nos jours, la culture propose différents modèles. Il y a le couple conventionnel, qui partage le même logis et qui désire ou non avoir des enfants ; la vie de célibataire, avec ses rencontres et ses relations épisodiques. Depuis peu, un nouveau modèle tend à s'imposer : le couple durable où chacun conserve son propre logis. Des modèles différents, plus collectivistes, où la tribu était l'unité de référence et où les couples se faisaient et se défaisaient sans que les gens y accordent trop d'importance, ont déjà été adoptés dans le passé, par d'autres civilisations. Il y a eu, aussi, des modèles polygames (tant pour l'homme que pour la femme). Sans faire l'inventaire complet de ces paradigmes, nous voulons simplement signaler au passage que, dans un plus vaste ensemble de possibilités, certaines formes de relations sont actuellement plus à la mode que d'autres. Attention : *possible* ne veut pas nécessairement dire *souhaitable*. Il n'y a ici aucune forme de jugement.

Pour revenir aux relations homme/femme, il se peut que, pour certaines personnes, les options ne soient pas toutes satisfaisantes ou attrayantes et que celles qui semblent l'être ne soient pas considérées comme possibles. Une façon de lâcher prise consiste à simplement envisager les possibilités avec un regard plus ouvert et exempt de jugement. Dans les faits, pris un à un, les comportements changent relativement peu. Plutôt que de se leurrer, en prétendant vouloir une relation unique et éternelle au lieu de changer de partenaire fréquemment, il serait éventuellement moins souffrant de s'avouer que l'on aime des relations plus brèves et plus superficielles. Au moins, si tel est le cas, on ressentira moins d'émotions négatives, de culpabilité et de remords.

En matière de relations de couple, des modèles plus ou moins variés ont toujours existé. Une relation stable avec une personne et, parallèlement, des relations passagères à droite et à gauche ; des couples échangistes ; des partenaires d'un soir, etc. De tout temps, des gens ont dévié des modèles plus communément admis. Sans vous sentir coupable de ne pas appartenir au modèle valorisé par la collectivité, il faut simplement définir plus clairement ce qui vous intéresse vraiment dans une relation de couple. Si vous n'aimez pas les relations sexuelles, mais que vous n'aimez pas non plus dormir seul, partez à la recherche d'un partenaire ayant relativement les mêmes goûts, ça existe. Si vous ne cherchez qu'un partenaire pour vos loisirs, peut-être n'est-ce pas obligatoire d'envisager la vie commune. À l'opposé, vous pouvez souhaiter passer vos nuits avec la même personne sans pour autant avoir envie d'assumer le quotidien avec elle.

À l'heure actuelle, avec la disparition des anciens modèles de couple et tous les changements de nos modes de vie, il est difficile de connaître nos désirs et toutes les possibilités offertes. Il était plus facile de vivre dans les années 1920 : on savait alors qu'on se mariait jeune, pour la vie et pour avoir des enfants. Avant, les choix étaient limités : père ou mère de famille, curé ou religieuse. Maintenant, tout change, alors, réflexe normal, on prône une solution comme étant une panacée et on tend à bannir tout le reste. Il est en effet courant, dans le tumulte, de concentrer notre attention sur une seule possibilité et de croire que c'est l'unique issue. Mais, avec l'éclatement des rôles et des modèles, l'ensemble des possibilités augmente.

Il n'y a donc pas d'option simple qui soit la bonne solution pour tous. C'est comme si l'ancien modèle ne fonctionnait plus et que le nouveau n'était pas encore inventé. Lâcher prise quant à l'ancien modèle permettrait une meilleure capacité d'adaptation aux nouvelles circonstances, sans cesse changeantes. En fait, avant, il n'y avait pas beaucoup de liberté. Maintenant que nous sommes moins contraints, que faisons-nous de notre liberté ? Avant, il n'y avait pas de choix.

Maintenant, savons-nous ce que nous voulons ?

On trouve un bon partenaire, mais une promotion fait qu'un des deux doit partir à l'autre bout du pays. On désire avoir des enfants, avec un partenaire stable, mais rien ne semble s'établir de façon durable et les conditions économiques du couple ne le permettent pas. Il semble que les anciens modèles ne cadrent pas avec ces nouvelles situations. Les valeurs, les modes de vie et les attentes ne sont plus les mêmes – et une certaine confusion règne – l'anxiété est donc élevée. Dans une telle anarchie, certains tirent leur épingle du jeu, mais plusieurs autres soit décrochent et font n'importe quoi, cherchent à reproduire ce qui était disponible, bien que cela ne cadre plus dans le nouveau contexte.

Que voulez-vous exactement ?

Dresser une liste, faire une forme d'inventaire de tout ce qui est possible, de tout ce qui existe en terme de relations peut s'avérer efficace pour affronter ce tumulte. Par la suite, on regarde ce qui nous plaît et ce qui nous intéresse. On essaie aussi d'évaluer le prix de chaque possibilité. Par exemple, si vous aimez sortir dans les bars trois fois par semaine, il vous faut admettre que ça n'est pas compatible avec l'idée de souper chaque soir en amoureux, de louer des films et d'aller au lit en même temps. Il serait utile de le constater avant d'entreprendre une relation, car ce n'est peut-être pas la relation qui est impossible, mais ce que vous désirez qu'elle soit.

Le dictionnaire est souvent un guide utile. Qu'est-ce qu'une relation ? C'est un lien existant entre des choses ou des personnes, ce sont des rapports que l'on entretient. Le lien, dans une relation amoureuse, n'est pas nécessairement le même que dans une relation de couple. Étonnant, n'est-ce pas ? La relation amoureuse, permet de vivre l'affectivité, la passion et les différents aspects de la sexualité. La relation de couple, quant à elle, s'apparente davantage à la notion de voyage. On voyage ensemble dans le temps, on fait des activités ensemble, on partage des tâches ensemble. Nouveaux modèles : vivre le quotidien avec une personne et vivre la sexualité avec une autre ? Vivre sa sexualité avec son conjoint, mais ne pas vivre le quotidien avec lui ? Vivre plutôt le quotidien seul ou avec quelqu'un d'autre ?

Les ruptures sont plus fréquentes aujourd'hui qu'à l'époque de nos grands-parents. Lorsque la qualité d'une union se détériore, que les griefs s'accumulent au fil des mois et des années, que l'habitude et la routine s'installent, mais qu'au lieu de permettre le repos et le ressourcement, elles amènent l'ennui et l'amertume, bien des couples s'acharnent sur leur relation et tentent désespérément de lui redonner la passion et l'insouciance du début. Il est bien sûr possible de redonner vie à une relation de couple, mais on n'y arrive pas avec acharnement et désespoir.

Bien des influences viennent obscurcir la vie à deux. Les tracas quotidiens, les anciennes rancœurs, les expériences passées, le stress sont autant de facteurs qui peuvent contribuer à empoisonner l'existence à deux. Dès lors, les partenaires investissent souvent une énergie considérable afin que leur vie de couple redevienne ce qu'elle était initialement, c'est-à-dire satisfaisante et stimulante, ou qu'elle cesse simplement d'être morne. Ce type de comportement correspond peut-être à essayer d'éviter le naufrage en s'agrippant à un bateau qui coule ou encore à nager à contre-courant. Devant le peu de résultats obtenus par tant d'efforts, qui ne font qu'essouffler et épuiser, bien des gens deviennent amers et cyniques. Après avoir fait des tentatives infructueuses, certains en viendront aux critiques, aux reproches et même aux insultes. Ces mots qui blessent ne font que creuser un peu plus l'abîme. Les injures n'ont jamais rien arrangé.

Cesser... ou poursuivre ?

Un moyen pour lâcher prise serait de faire en sorte que les ruptures se déroulent le mieux possible. Tâchez de vous rappeler qu'il y a eu de bons moments dans votre relation. En y mettant fin dans l'insulte ou la calomnie, ce sont les bons souvenirs que l'on sacrifie. Se rappeler de l'autre sera se souvenir des blessures. Il serait intéressant de trouver une façon de rompre plus calmement, plus sereinement, une façon de remercier l'autre, en quelque sorte, pour les bons moments passés ensemble et pour les bons souvenirs. Ainsi, lors d'une prochaine conquête, au lieu de paniquer à l'idée que cette relation ne tiendra peut être pas la route et qu'elle se terminera peut-être dans d'affreux déchirements, on pourra se réjouir des futurs bons moments. En croyant qu'on sera bien, il est plus facile d'être calme et réceptif que si l'on croit qu'on souffrira. D'ailleurs, en étant calme et réceptif, on a de meilleures chances d'être bien.

Bien sûr, la rupture, même sereine, n'est suggérée qu'en dernier recours. D'autres possibilités peuvent être explorées avant d'en arriver là. Si votre relation bat de l'aile, peut-être pouvez-vous essayer d'en discuter, tenter de faire des compromis. Et peut-être pouvez-vous aussi lâcher prise quant à l'idée de perfection…

> *Nous sommes des êtres imparfaits, qui vivons des relations imparfaites avec d'autres êtres imparfaits, dans un monde imparfait. C'est normal – et même agréable – qu'il en soit ainsi.*

Le but, c'est d'être parfaitement heureux, malgré les imperfections du monde… et du conjoint. Ne pas accepter ces imperfections est la voie royale pour être parfaitement malheureux. Vouloir que tout soit toujours parfait est vouer votre vie de couple à l'échec. Lâchez prise quant aux exigences pour les muer en préférences. Admettez l'idée que la vie n'est pas comme au cinéma et que même les plus belles histoires d'amour sont parfois ponctuées de sombres moments. En fait, si les histoires d'amour sont si belles, c'est qu'elles ont survécu aux sombres moments. Il est utopique de croire, même si certains connaissent ce bonheur, que l'on trouvera l'être idéal, à nos yeux exempt de défauts et uniquement pourvu de qualités. Peut-être votre conjoint n'aime-t-il pas faire la vaisselle, mais peut-être est-ce un excellent amant. Peut-être votre conjointe n'aime-t-elle pas cuisiner, mais peut-être aime-t-elle regarder le hockey…

On se bouscule et on se blesse beaucoup trop. Le lâcher prise se résumerait simplement ainsi : essayer de vivre les choses autrement, chercher à perdre cette tendance au drame et à la tragédie, faire en sorte de se laisser en bons termes, si c'est là la meilleure solution, pour ne pas s'infliger de blessures inutiles. Débuter une relation de couple, ou y mettre fin, quand ça ne va plus, est beaucoup plus facile si l'on quitte cet esprit défensif et revendicateur, si on laisse de côté les exigences pour en faire des préférences. Débuter ou terminer une relation en acceptant que toutes nos propositions ne seront pas immédiatement acceptées rend les choses beaucoup plus faciles.

Lorsqu'on est en couple, il faut accepter l'idée que l'autre n'a pas à être l'unique source de toutes nos joies ou à assurer la réparation de toutes nos peines. Dans la vie de couple, comme dans la rupture, il n'y a pas de vengeance pour les coups bas, pas de coupable pour les déceptions vécues, d'autant plus qu'elles peuvent résulter de petites négligences ou d'exigences trop élevées. À la fin d'une union, la peine et le chagrin sont amplement suffisants. Évitons la haine.

S'il est suggéré de se quitter en bons termes, cela ne signifie pas qu'il faille rester amis, se revoir et partager ensemble le plus de choses possible. Cela peut cependant être une option, quoiqu'elle ne soit ni facile, ni saine pour tous. Dans le lâcher prise, on va vers ce qui nous semble le plus sain et le plus facile. On peut fermer la porte et ne plus l'ouvrir, comme on peut la laisser entrouverte.

Pour qu'un couple se porte bien, il est essentiel que les individus qui le composent se portent bien. Il convient peut-être donc de travailler un peu sur soi avant d'entreprendre une restauration de sa relation de couple. Ainsi, se libérer d'une peur ou d'une petite manie, par exemple, suffira amplement au début. Sans chercher à tendre vers la perfection (puisque c'est sans doute l'inverse du lâcher prise), on peut se départir, dans la mesure du possible, de tout sentiment néfaste à la vie de couple :

la dépendance, la jalousie, les trop grandes attentes envers l'autre et envers soi, etc.

Le couple demeure la forme de relation privilégiée par de nombreuses personnes. Si tel est votre cas, le lâcher prise vous permettra de diminuer l'état de tension générale et les exigences. Le couple doit permettre de se ressourcer. Il convient donc de faire les efforts nécessaires pour être heureux de s'y retrouver.

CHAPITRE V
PRISE DE CONSCIENCE

Dans le domaine du travail sur soi, la progression se fait d'abord par des prises de conscience. Beaucoup de gens échouent leur démarche de transformation d'eux-mêmes, parce qu'ils ne comprennent pas ce qu'est une prise de conscience.

La prise de conscience ne se fait que dans l'absence de jugement. Il n'y a rien de bon ou de mauvais. Procédons par analogie. Vous emménagez dans un nouveau logement. D'une certaine façon, vous êtes maintenant pris avec ce logement, tout comme vous êtes pris avec vous-même. Il ne sert plus à rien de pester contre les détails que vous n'aviez pas vus au moment de visiter. Disons même, plus justement, que ce logement vous est attribué plutôt que vous ne l'avez choisi. Avez-vous vraiment choisi votre vie ?

Vous faites le tour des lieux. Vous regardez les pièces, vous décidez où vous placerez vos meubles, de quelles couleurs vous peindrez les murs, quelles rénovations vous entreprendrez, etc. Vous gardez les yeux ouverts, vous vérifiez l'état des plafonds, l'étanchéité des portes et des fenêtres et vous évaluez d'où proviendra la lumière selon le moment du jour. Vous pouvez constater que cela vous convient tel quel ou décider que vous aimeriez changer certaines choses. Pour savoir comment vous habiterez ce lieu, il faut le regarder tel qu'il est. C'est par ce regard que vous établirez ensuite l'ordre de vos priorités.

C'est ce même regard qu'il convient de poser sur soi. Se voir tel qu'on est plutôt que tel qu'on aimerait être. Suis-je jaloux, colérique, paresseux, jovial, timide, menteur, possessif, débonnaire, vengeur, généreux, altruiste, avare, silencieux, enjoué, solitaire, impoli, sociable, confus, agité, calme, indécis ? Est-ce que je me connais un peu ou pas du tout ? Est-ce que je me connais par cœur ? Est-ce que j'aime me raconter ou me taire et ne pas trop en savoir sur moi et sur les autres ? Est-ce que je suis la même personne dans toutes les situations ? Je peux être désinvolte et lambin au travail, minutieux et efficace dans l'entretien de ma maison.

J'ai reçu, de mes parents, une large part de ce que je pense de moi et, de mes premiers amis, de mes professeurs, de mes premières amours, une autre part de ce que je pense de moi. J'ai été conditionné par une multitude de petits éléments, autant à mon insu que par choix. Lorsque j'ai tenté de séduire telle personne ou que j'ai entrepris d'imiter le caractère de personnages de films, durant mon adolescence, j'ai appris quelque chose. C'est ainsi qu'à la suite d'essais, d'erreurs, petit à petit, j'ai choisi de nombreux comportements qui me semblent aujourd'hui tout à fait naturels. Tout ce que j'ai appris sur moi peut ne pas être vrai. J'adopte peut-être de nombreux comportements de remplacement, parce que je n'ose pas agir comme je le souhaiterais vraiment.

Je suis le résultat d'un réseau complexe d'apprentissages. Il serait utile, pour m'en détacher et mieux choisir qui je veux être plus tard, de comprendre comment je m'organise aujourd'hui. Avec mon vécu, avec mes joies et mes peines, qui suis-je donc devenu ? Je n'ai pas besoin de tout savoir par cœur, de pouvoir raconter, sans erreur et sans zone d'ombre, l'influence de chaque événement de ma vie. Après seulement un peu de temps passé à m'observer, je serai bientôt apte à déterminer ce qui, chez moi, me semble le plus propice à la modification. « Je n'aime pas la colère, mais je suis souvent en colère. Comment puis-je m'exprimer autrement ? Est-il nécessaire que je me mette en colère chaque fois ? Est-ce que j'exige des autres des choses qu'ils ne veulent ou ne peuvent pas me donner ? Est-ce que j'interdis aux autres d'être autrement que comme je le désire ? Est-ce que cela me serait vraiment intolérable si les choses allaient autrement ? Est-ce que je peux apprendre à demander sans exiger et sans me fâcher ? »

On gagne beaucoup à savoir qui on est. Au lieu de tenter de correspondre à des modes et à des tendances, toutes passagères, on peut regarder ses qualités et ses défauts, trouver comment le tout peut s'organiser d'une façon agréable pour soi et pour les autres. Un solitaire, par exemple, ne gagnera pas beaucoup à faire partie de plusieurs groupes ou associations. Par contre, quelqu'un qui aime la présence des gens et aime à se dévouer pour des causes y trouvera son compte. La mode est aux colloques et aux organismes sociaux, mais tout le monde n'a pas nécessairement le tempérament qui convient pour ce genre d'activités. Nous sommes tous différents les uns des autres. Alors, tenant compte de ce que vous êtes, de vos goûts réels, de vos aptitudes, qu'est-ce qui vous tente dans le vaste inventaire des possibilités ? Une randonnée pédestre en solitaire dans un décor d'automne féerique ou un congrès en plein centre-ville ? Il n'y a ni bon, ni mauvais choix, seulement ce qui vous convient.

La prise de conscience devrait idéalement s'accompagner de l'acceptation de ce que vous êtes. Cela ne veut surtout pas dire que vous devez rester sur vos positions et être immuable. Il faut simplement constater l'espace que vous occupez dans différentes dimensions. À partir de là, vous pouvez établir un plan de match. Je peux constater des écarts entre la personne que je suis et celle que je voudrais être. Attention, il ne convient pas de prendre de grandes résolutions. C'est beaucoup plus subtil, beaucoup plus fin. On s'accorde habituellement pour dire que les changements progressifs sont les plus durables. De plus, ces changements requièrent généralement moins d'énergie que les mesures draconiennes. Il ne faut pas, dans cette démarche, se limiter à ce que le modèle généralement admis considère comme acceptable. C'est d'abord vous par rapport à vous. Ensuite, vous par rapport aux autres, puisqu'il faut bien tenir compte du fait que l'on vit en société.

Prenons un exemple (plus ou moins farfelu). Si vous constatez que vous êtes un peu paresseux, que vous n'aimez pas faire le ménage et que votre logis est un peu trop en désordre, il ne s'agit pas de décider de consacrer subitement votre énergie à tout nettoyer de fond en comble. On doit la majorité des grandes inventions à de grands paresseux. Ils trouvaient trop difficile de s'acharner à tout faire avec la seule force de leurs bras, ils ont donc inventé la machine qui le fait à leur place. S'ils s'étaient mis en tête de reproduire l'effort que les autres faisaient, on chasserait encore avec des pierres. Malgré tout, vous décidez de vous acharner à faire le ménage, à devenir expert en la matière. Ça brille, c'est propre, c'est bien. Arrive votre mort. Vous êtes reçu par saint Pierre, qui vous demande ce que vous avez accompli durant votre vie. Vous répondez :

« Je suis devenu un expert en entretien ménager.

— Ah, c'est bien. Et est-ce que vous sentez que c'était ce que vous deviez faire ?

— Non, j'ai toujours été frustré de ne pas sculpter. J'aurais aussi aimé acheter une maison, la démolir et la reconstruire pour ensuite la revendre, puis recommencer avec une autre. Mais ça faisait trop de poussière... »

Pourquoi donc saint Pierre vous a-t-il posé une telle question ? Il n'y a pas de bonne réponse. D'abord, qui êtes-vous ? Et ensuite qui voudriez-vous être ? D'après vous, que devriez-vous faire de votre vie ? Si vous n'aviez qu'une seule chose à accomplir, laquelle serait-ce ? Si vous n'aviez qu'une seule émotion à apprendre à contrôler, quelle serait-elle ? Au fond, qu'est-ce qui importe vraiment pour vous ? Il se peut qu'entretenir un superbe jardin soit ce qui vous apporte le plus de satisfaction dans la vie. Très bien. Il se peut que, pour y parvenir, il vous faille aussi travailler à quelque chose qui vous plaise moins pour assurer votre subsistance. Ces aspects, aussi importants soient-ils, ne sont que secondaires. Si votre aspiration profonde est d'avoir un superbe jardin et que vous vous installez dans un condo, il se peut que vous manquiez le principal. Pourtant, le condo est nettement plus valorisé dans notre société. Vous soumettre à la mode pourrait vous faire passer à côté de ce qui compte vraiment pour vous, alors que pour d'autres, occuper un condo avec vue sur le fleuve, enseigner aux enfants ou à des personnes handicapées, écrire, peindre ou restaurer de vieux meubles seront des activités qui les combleront. Y a-t-il vraiment là quelque chose de bon ou de mauvais ?

Les possibilités sont très vastes. Certains individus se réaliseront davantage dans une forme d'activité méditative que dans l'action; d'autres n'auront la sensation d'être en vie que si tout bouge autour d'eux. Certains gagneront à être seuls souvent; d'autres bénéficieront du contact avec autrui. La solution de l'un peut être le cul-de-sac de l'autre, légitimement et authentiquement, sans qu'aucun des deux ne se trompe. Les êtres humains sont très différents les uns des autres. Apprenez à vous connaître et à vous respecter.

Le lâcher prise ne vise pas à rechercher la définition parfaite de qui on est, encore moins de qui on devrait être. C'est une quête de soi, mais sans désir de performance, sans exigence de rendement. Il est possible que, durant votre vie, vous viviez certaines choses qui deviendront, plus tard, moins stimulantes, moins enrichissantes, parce que vous avez changé. On ne devrait pas espérer de solutions éternelles. De plus, parce qu'on change, on ne se connaît vraiment que petit à petit et grâce, parfois, à des éclairs de lucidité qui s'apparentent à des révélations. On peut arriver à la même constatation qu'un autre beaucoup plus tard dans sa vie. Pas parce que l'autre a été meilleur ou parce qu'il est plus évolué que nous, mais simplement parce qu'on n'a pas commencé l'existence de la même façon ni au même endroit et parce qu'avant de se rendre compte de tel détail il a fallu vivre beaucoup. Si quelqu'un s'exclame devant une de vos découvertes « mais, cela, je le savais depuis longtemps », il ne sait pas nécessairement les mêmes choses que vous. Les chemins qui vous ont mené à cette découverte étaient sans doute différents et vous n'accordez peut-être pas le même sens que lui à tout ceci. Les conséquences dans vos existences respectives peuvent donc être complètement différentes. Les émotions et les aspirations personnelles évoluent de la même façon. Il n'est pas nécessaire de tout jeter à terre et de tout recommencer à la moindre petite découverte.

En raison de l'attention et de la vigilance que requiert une prise de conscience de soi et de l'attitude nécessaire pour lâcher prise, il se peut que votre vie devienne très différente en assez peu de temps. Au lieu de vous cantonner dans de vieux modèles, de résister et de risquer ensuite que tout change brusquement, mieux vaut y aller doucement, lentement, mais de façon continue. La nouveauté est ainsi mieux accueillie. D'autant mieux que vous avez le temps de vous y adapter. C'est un peu comme sur une rivière.

> *Si vous laissez couler l'eau paisiblement et que vous nagez lentement dans le courant, il n'y a pas de grandes dépenses d'énergie, vous pouvez vous diriger à votre gré, éviter certains écueils et vous appuyer sur les rochers, au besoin. Si vous retenez les eaux, si vous tentez de tout contrôler, le niveau monte, l'effort devient de plus en plus ardu et lorsque, à la fin, tout cède, vous êtes emporté par le courant et blessé par les rochers.*

Voilà peut-être la plus belle illustration de ce qu'est le lâcher prise.

Mais qui suis-je donc ?

La prise de conscience de soi est, pour certains, un exercice un peu douloureux. Ils prennent conscience des influences du passé et des conséquences qu'elles ont sur le présent. Ils se rendent compte qu'ils ont porté des masques toute leur vie, qu'ils n'ont pas été honnêtes envers eux-mêmes et envers les autres. Ils prennent conscience que tel comportement était inapproprié ou répréhensible. Certains peuvent aussi avoir tendance à se déprécier et à se dévaloriser. Apprendre à se connaître exige le même travail, peu importe son passé ou le niveau de pureté de sa conscience. Certaines personnes ressentiront le besoin d'entreprendre une thérapie pour comprendre certains mécanismes ou pour se pardonner. C'est parfois justifié, mais il n'est pas nécessaire ici d'établir de distinction. Pour l'instant, il convient surtout de connaître son point de départ pour planifier l'itinéraire qui nous mènera à l'arrivée. La prise de conscience de soi s'accompagne souvent d'un refus de ce que l'on est. Cette attitude ne facilite rien et ne nous empêche pas d'être cette personne quand même. Tout ceci pour dire que, même si ce que nous découvrons sur nous-même ne nous plaît pas, il faut savoir l'accepter comme point de départ. Il faut savoir lâcher prise face à l'idée d'être à notre goût.

On peut comprendre qui on est grâce à de petits événements. Il convient de lâcher prise quant aux jugements que nous portons sur nos idées, nos valeurs, nos émotions et nos comportements. En portant sur vous-même ce type de regard, vous aurez moins tendance à vous blâmer pour ce que vous appellerez vos imperfections. Vous aurez néanmoins tendance, parfois, à vous dire : « Je ne devrais pas être ainsi. » Mais laissez de coté cette idée, elle vous retarde.

Prendre conscience de qui nous sommes, en nous accordant le droit de changer, permet de mieux identifier les actions à entreprendre pour nous réaliser. En vous accordant le droit de changer, vous devez aussi l'accorder aux autres. Vous gagneriez beaucoup à accepter l'idée qu'ils peuvent, légitimement le plus souvent, ne pas correspondre à vos attentes. Planifiez votre transformation si vous le désirez, mais laissez à chacun le droit de réagir à sa façon, à sa convenance. Le processus est ainsi plus souple et plus harmonieux. Votre changement devient moins menaçant pour les gens qui vous entourent s'ils ne sont pas obligés de vous suivre au même rythme. Lorsqu'une personne change, l'entourage vit parfois de l'inquiétude. Les gens se disent qu'un certain équilibre sera rompu. En ne les impliquant pas directement, en les laissant être ce qu'ils désirent, sans même trop leur en parler, il y a moins de tension et il arrive le plus souvent que l'équilibre soit modifié, sans être rompu. Lâchez prise face à l'idée que, puisque vous changez, le changement serait aussi bon pour eux. C'est à eux de décider. De plus, évitez de faire porter par les autres votre sentiment de réalisation. Il serait préférable de vous réaliser sans décider d'avance qui participera à votre accomplissement.

CHAPITRE VI
QUELQUES APPROCHES

L'approche respiratoire

> *Puisque les modifications de comportement ou d'attitude s'effectuent dans un contexte de calme, et que, parfois, notre façon de réagir à certains événements nous déplaît et engendre une certaine tension, il importe d'apprendre à se détendre.*

Bien qu'elle semble anodine et banale, la relaxation par la respiration constitue l'une des méthodes les plus efficaces. Non seulement permet-elle d'influencer les états de peur et d'anxiété, mais elle représente une importante source d'information sur notre condition. En s'exerçant, on devient plus attentif à la façon dont on respire. Nous parvenons ainsi à repérer une éventuelle modification de notre état, avant que les choses ne s'enveniment et qu'un cycle de réactions ne soit enclenché.

Toutes les approches respiratoires sont envisageables et valables. On les utilise dans un but d'approfondissement de la détente. Il se crée un lien, une association, entre la relaxation et cette façon particulière de respirer, laquelle permet, par la suite, de retrouver facilement l'état de détente souhaité.

Pour cette raison, il serait très maladroit de ne pratiquer une respiration particulière que lorsque les choses vont au plus mal. La façon de respirer pourrait ainsi se trouver associée à un état déplaisant. Le contexte de base de l'exercice de respiration doit au contraire être agréable et détendu.

Vous êtes au sommet d'une montagne, par une tiède soirée, et vous regardez un magnifique coucher de soleil. Vous connaissez déjà la respiration profonde et rythmée. Alors, si le contexte le permet, si ceux qui vous accompagnent sont tout aussi contemplatifs de la beauté du spectacle, allez-y, respirez. Et, à l'occasion, répétez-vous que cette technique de respiration sera à jamais liée à l'état de douce euphorie et d'élévation spirituelle que vous éprouvez. Laissez-vous aller, laissez vous porter par le calme, profitez-en, savourez ces moments de détente à en perdre l'équilibre et à délirer un peu. Après tout, quand le panorama est si calme et si beau, pourquoi ne pas décrocher complètement? La réalité reviendra d'elle-même bien assez vite. On ne reste pas indéfiniment aux pays des voluptés. Mais on pourra néanmoins retrouver, par la respiration, ne serait-ce qu'une parcelle de ce merveilleux bien-être. Dans cet état de profonde sérénité, vous vous parlez doucement. Il n'est pas nécessaire – et il peut même être néfaste – de tenter de faire participer les autres à ce processus. L'extase ne se partage pas toujours. Alors, en silence, respirez et «programmez» votre cerveau, votre subconscient, pour que cet état soit disponible, au moins partiellement, dès que vous respirerez de nouveau ainsi. Avec de la pratique, ça fonctionne. Évidemment, on commence par tenter de retrouver cet état alors que tout est calme. Le résultat sera moins probant si vous tentez de le retrouver à la suite d'un accident, alors que vous attendez la dépanneuse. À la longue, cependant, ça peut être fantastique.

Le culte du corps

Cette section s'inscrit dans la même lignée que les approches respiratoires. Il s'agit ici de s'accorder du temps pour prendre soin de soi, quelle qu'en soit la façon. Ainsi, plutôt que de simplement faire une promenade, en supposant que ce soit déjà l'une de vos activités, vous le faites pour vous-même, pour vous détendre, vous maintenir en forme et chercher à favoriser un état de calme. Vous allez marcher, comme vous le faisiez avant, c'est pratiquement la même activité. L'effet, cependant, n'est pas le même.

> *Plutôt que de marcher en songeant à la charge de travail qui vous attend au bureau ou en vous demandant comment motiver vos enfants pour qu'ils aient de meilleures notes, vous marchez et profitez de l'occasion pour vous vider l'esprit. Ou pour méditer. Ou pour vous remémorer quelques bons souvenirs. Peu importe ce à quoi vous penserez, mais il faudrait que cela soit agréable et plaisant. Il sera toujours temps, plus tard, de régler vos problèmes. Marcher est une activité facilement accessible. Si, à la longue, chaque fois que vous marchez, vous vous détendez un peu plus, c'est un acquis considérable. Octroyez-vous des moments de détente.*

Mais peut-être préférez-vous le ski? Particulièrement les pentes très abruptes? Pourquoi pas? Si tout ce que vous faites est toujours empreint d'intensité, c'est probablement que vous en avez besoin. Vous êtes triste avec intensité, vous êtes joyeux avec intensité, vos relations sont tumultueuses et vos ruptures connaissent des fins dignes de scénarios de films. Vous avez besoin d'intensité pour avoir l'impression d'être en vie. Soit ! Mais une personnalité inscrite dans ce registre aura de la difficulté à lâcher prise dans une situation plus difficile sur le plan émotif. On a ici de bons candidats à la dépression, à l'infarctus, aux ulcères d'estomac. C'est un peu comme une voiture dont le moteur ne révolutionnerait qu'à haut régime. Peut-être est-ce utile sur une piste de course, mais sur le pont Champlain, à l'heure de pointe, ça surchauffe et, finalement, ça prend feu. Donc, lorsque la vie va au ralenti, comme en un dimanche après-midi pluvieux, mieux vaut ralentir soi-même. Au début, apprendre à se calmer n'est pas facile. Avec de la pratique, par contre, on y parvient très bien. Inutile d'attendre la troisième crise de foie et les ordres du médecin pour s'entraîner au calme et à la détente.

Mais revenons à l'exemple du ski. Il serait intéressant d'essayer de terminer la journée par une descente de niveau débutant. Profitez-en pour rechercher le calme intérieur, un état de vide ou de sérénité. Il n'est pas nécessaire d'être couché sur le dos pour se détendre, pas plus que d'être toujours en quête de sensations fortes pour se sentir vivant. Il en va comme pour l'alimentation : à force d'essayer de nouveaux aliments, le goût se développe et se raffine. Terminer sa journée par une descente moins exigeante, c'est un peu faire ce que les entraîneurs physiques préconisent : un peu de réchauffement avant l'exercice, pour préparer les muscles, et après l'exercice, pour leur permettre d'évacuer les toxines.

On peut apprécier l'exercice physique autrement que dans la performance. C'est un domaine où il est relativement facile de s'habituer à agir dans une attitude calme et sereine, sans autre but que le plaisir. Par la suite, on parvient à entreprendre d'autres activités, dans le même état d'esprit.

Certains exercices physiques, comme le yoga et le tai-chi, n'ont pour seul but que le calme et la relaxation. Certains soins peuvent également représenter des options intéressantes. Un simple bain peut être le prétexte à tout un rituel. Les fabricants de produits cosmétiques font preuve de créativité dans l'élaboration de mousses et d'huiles aux parfums agréables. On peut mettre une musique relaxante, ajouter des chandelles, s'apporter une assiette de fruits, se gâter, parce qu'on en vaut la peine. Tant qu'à vivre avec soi, aussi bien rendre cela agréable.

La visualisation

La visualisation, sous toutes ses formes, peut être utilisée dans la démarche du lâcher prise. Les athlètes s'en servent beaucoup lors de leur entraînement. En danse, par exemple, on apprend un enchaînement de mouvements en le visualisant d'abord dans l'esprit. La performance s'en trouve améliorée. En effet, au lieu de se concentrer sur tous les aspects du mouvement – rythme, esthétique, position de chaque membre –, le résultat final est imaginé. Ensuite, il reste bien sûr à entraîner le corps pour qu'il produise le résultat attendu. Mais les enchaînements sont déjà connus par cœur.

Dans le cas du lâcher prise, les gestes du quotidien sont simplement imaginés dans l'attitude qu'on veut avoir lors de leur exécution. Je désire, chaque fois que je cherche à régler une situation un peu conflictuelle, maintenir un certain état de calme, expliquer clairement mon point de vue, négocier le meilleur arrangement possible pour moi, tout en tenant compte de l'ensemble de la situation. Je m'imagine alors dans une telle situation de conflit. J'en profite pour regarder comment je réagis intérieurement. Je travaille mes répliques, je choisis des phrases courtes, qui transmettent l'information le plus clairement possible. J'écoute les reproches de l'autre, je cherche à le comprendre, je questionne, etc. Il est normal que l'état intérieur change. On devient facilement plus tendu. On a alors une belle occasion d'apprendre à se calmer. Se détendre se fait dès lors de plus en plus facilement, de plus en plus spontanément. Par la visualisation, sans avoir à les vivre, on parvient à résoudre certains conflits.

Une fois qu'il est devenu plus facile de s'imaginer en différentes situations de conflit, sans éprouver de tension, il devient moins inquiétant de faire face à la réalité. On n'a pas besoin de se défendre ou d'attaquer si l'on ne se sent pas menacé. Et, puisque la situation n'est pas si dangereuse, nul besoin de la fuir et d'attendre que les choses ne s'enveniment. On peut réagir plus tôt et plus calmement. Avec un peu de temps, des conversations autrefois explosives se dérouleront dans une toute autre ambiance.

La visualisation, dans le lâcher prise, permet de s'entraîner à maintenir l'ambiance dans laquelle on désire agir ou discuter. Cela permet d'envisager et d'expérimenter différents scénarios. De fait, avant d'avoir une conversation avec quelqu'un, on passe souvent en revue certains événements, certains souvenirs, certaines envies. Je sors avec des amis. Je ne les ai pas vus depuis quelque temps. Je me remémore, presque automatiquement, des bribes de conversation, des échanges de regards, etc. « Ah ! oui, il s'était acheté un chien. Je me demande comment progresse le dressage. » « Ah ! oui, il se préparait à changer d'emploi. Il ne m'en a pas reparlé. » Avant d'aller à l'épicerie, on considère les besoins alimentaires et domestiques et les fonds disponibles. On pense brièvement aux endroits où les aliments sont disposés, etc. Que de choses faisons-nous en les repassant en revue avant et après !

La visualisation est simplement une façon de donner une saveur, une couleur, une essence, une orientation à tout cela. La visualisation, c'est parvenir à se ressentir dans l'idée du geste à poser pour, un jour, passer à l'action, dans la réalité.

La méthode rationnelle émotive

La méthode rationnelle émotive est, depuis le début de ce livre, présentée de façon progressive. Elle n'a pas été nommée comme tel jusqu'à maintenant. Cette méthode est utilisée en relation d'aide depuis de nombreuses années. Dans le contexte du lâcher prise, on peut dire qu'elle convient particulièrement bien à nos fins. On peut presque parler « d'alliée naturelle ». En voici donc un survol.

Cette méthode permet de considérer les émotions d'une façon pratique. Les émotions, telles que définies dans le dictionnaire, sont un trouble soudain et passager éprouvé sur le coup d'un vif sentiment de surprise, de joie, de peur, etc. Cependant, cette définition n'est pas exacte, car la joie et la peur constituent déjà des émotions. Les émotions sont ressenties à la suite de notre perception des événements. Elles représentent donc la valeur qu'on accorde aux événements ; elles nous en informent. Elles reflètent notre vision de la réalité. Les émotions sont une interprétation de la réalité et de ses conséquences sur soi. Or, cette interprétation n'est pas la même pour tous. En effet, une situation qui engendre de la tristesse chez certains ne suscitera pas la même réaction chez d'autres. De plus, les émotions varient en intensité et en durée chez un même individu, dans une même situation et lors d'une interprétation identique.

Même si tous s'accordent pour décrire une situation exactement de la même façon, avec les mêmes mots et les mêmes nuances, ce qui, évidemment, ne se produit jamais, leurs réactions ne seront pas tout à fait identiques. Pourquoi ? Parce que chacun vit une existence qui lui est propre et qu'il a, pour cette raison, une perception différente des conséquences que ça aura pour lui. Si nous concevons ici que toutes les réactions émotives sont légitimes et justifiées, nous n'affirmons pas qu'elles sont fixes et déterminées ou toujours adéquates. C'est par l'interprétation de nos perceptions que nous donnons un sens à ce qui nous arrive. Il est normal de ressentir des émotions, car nous avons besoin d'une interprétation ou d'une évaluation instinctive des conséquences que les choses produisent sur nous.

L'événement, quant à lui, n'est ici perçu que comme l'occasion de vivre une émotion. L'événement en lui-même est neutre et n'est lié d'emblée à aucune émotion. Supposons qu'un proche décède. Face à une telle situation, trois états sont possibles : la frustration, la neutralité ou la satisfaction. Peut-on être satisfait du décès d'un être cher ? Oui, c'est possible, s'il a été gravement malade, par exemple, et que la mort vient le libérer de longues souffrances.

Le processus qui mène à l'émotion se compose de plusieurs étapes. En premier lieu, il y a l'événement. Vient ensuite la perception de l'événement, qui est un phénomène purement sensoriel, au même titre que la perception d'un bruit, par exemple. Puis, c'est l'identification, qui consiste à trouver la source de la perception, à lui attribuer un sens pour ensuite s'adapter à ce sens. Par exemple, le bruit est causé par un objet qui tombe, et l'on croit que l'objet est un vase. L'attribution termine ce processus : « Ce vase m'est précieux (affirmation). Je crois qu'il vient de tomber (supposition fondée sur la nature de la perception). J'espère qu'il n'est pas cassé (expression de l'attente). Ce serait une catastrophe (attribution d'une importance à l'attente exprimée). » Finalement, une émotion naîtra à l'idée de la catastrophe. Ce sera, par exemple, l'appréhension, la peur, voire l'angoisse. Constater dans les faits que le bruit provenait vraiment de la chute du vase et qu'il est ou non cassé constitue d'autres renseignements. Évidemment, comme tout ce qui est quasi automatique, le processus se déroule très rapidement et une telle analyse ne se fait pas vraiment consciemment.

Il est sain et normal de ressentir des émotions. Si un événement n'est pas concordant avec l'image ou avec le désir que j'en ai, je serai en état de frustration. Cet état pourra éventuellement occasionner de la colère, de l'exaspération, de la révolte, de la peine, de la culpabilité et la liste pourrait s'allonger. La frustration me permet de constater cette non concordance. Ensuite, je verrai s'il est possible d'y remédier. Puisque la réalité n'est pas, à chaque instant, telle qu'on la souhaite, la frustration permet de s'en rendre compte. Autrement, il est impossible de s'y adapter.

La frustration n'est rien de plus que la constatation d'un obstacle ou d'un délai dans la réalisation d'un but ou d'un désir, ou encore dans le maintien d'un état. En ce sens, la frustration est tout à fait normale. Dans les faits, se retrouver devant une porte et devoir l'ouvrir, ce qui représente un délai, peut être une occasion de frustration. Selon le point de vue de la personne, presque tout événement peut être occasion de frustration.

Je veux sortir pour rejoindre des amis, mais je voudrais d'abord prendre une douche, ce qui occasionnera un délai et peut être une frustration, banale ou importante, selon l'évaluation que j'en fais. Tout le monde ne réagira pas de la même façon, face à ce délai. On peut annuler la soirée ; se laver en vitesse – et l'accepter ou s'en plaindre – ; ne pas se laver – et l'accepter ou s'en plaindre. Et chaque réaction aura à son tour une influence sur l'environnement, les autres réagissant aussi à nous. À la suite d'un fait banal, toute la gamme des émotions sera disponible.

En effet, avec la frustration – engendrée par l'écart entre le souhait et la réalité – arrive habituellement tout un cortège d'émotions possibles. Lorsque je veux sortir, mais que l'état dans lequel je suis ne me semble pas approprié, il est utile que je le sache ! À cette occasion, quelle émotion surviendra par la force de l'habitude, laquelle surviendra par choix ?

Chaque émotion est en lien avec une phrase-clé. C'est dans l'étape de l'attribution qu'intervient celle-ci : « c'est un désastre, c'est une bonne nouvelle, c'est parfaitement anodin, etc. ». Ces phrases-clés nous permettent, en quelque sorte, de jauger la réalité. La personne constate un événement et porte en elle-même un jugement. Il se présente une situation et la personne lui donne une couleur. Ainsi, par exemple, la colère sera en lien avec la transgression d'une interdiction. Si une personne qui vit de la colère s'observe, elle pourrait remarquer que, chaque fois que quelqu'un fait quelque chose d'interdit à ses yeux, elle ressent de la colère, elle évalue donc que quelque chose l'oblige à ressentir une vive réaction. Que l'acte soit légal ou non n'a pas d'importance. Une pensée du genre « je ne veux pas que cette personne agisse ainsi » amène l'intention, à un certain niveau, de remettre cette personne à sa place, de lui faire part de nos griefs ou de manifester notre mécontentement d'une façon ou d'une autre.

Mais revenons un peu au cortège d'émotions que peut susciter une situation. Dans l'exemple décrit plus haut – où il était question de sortir pour rejoindre des amis –, une personne peut se fâcher contre celle qui l'invite, si elle estime que cette dernière lui propose toujours de sortir à des moments inopportuns, par exemple. « Tu sais pourtant qu'à cette heure-ci je reviens de travailler et que je ne désire qu'une chose : prendre une douche. » L'invité doit par la suite faire des choix : prendre une douche ou non, sortir ou non. Ce qu'il importe de constater, c'est que, dans l'ensemble des façons de considérer l'invitation, la personne a choisi de ressentir de la colère sous prétexte qu'on lui propose quelque chose à un moment qui ne lui convient pas.

Le chagrin ou la tristesse comptent aussi au nombre des émotions disponibles dans le même contexte. Ils naissent de l'idée que c'est dommage, que c'est navrant, que c'est déplorable, etc. « C'est dommage, mais je n'ai pas encore pris ma douche, alors je ne pourrai pas y aller ! » « C'est dommage, je serai en retard, parce que je dois (dire que « je veux » serait plus exact) prendre une douche avant de sortir. » « C'est dommage, car je vais devoir sortir sans avoir pris ma douche. » La joie est aussi possible, bien sûr, selon le point de vue qu'on adopte. « C'est gentil de m'inviter ainsi, ça me fait plaisir ! »

> *La gamme des émotions humaines est, malgré tout, restreinte. Comme sur un clavier de piano, il n'y a finalement que quelques notes qui se répètent d'octave en octave. C'est néanmoins avec ces notes qu'on parvient à jouer des sonates, des fugues, des balades... ou à faire de la cacophonie.*

L'approche rationnelle émotive permet de reconnaître les émotions, d'apprendre à les utiliser et à les tempérer et surtout, peut-être, d'apprendre quelles sont les autres réactions disponibles dans une situation donnée, car nos réactions ne sont ni obligatoires ni incontrôlables.

Avec un peu d'expérience dans ce domaine, il est facile, et même agréable, de laisser aller ses émotions, car on peut en diminuer l'intensité et observer dans quel ordre différentes émotions se succèdent. C'est très instructif. Par exemple, on peut commencer par éprouver de la colère pour ensuite ressentir de la peine, de l'angoisse, de l'amertume et terminer par de la culpabilité. Encore une fois, l'ordre des émotions change d'une personne à l'autre, en intensité et en durée, certaines ne ressentant presque jamais de culpabilité, alors que c'est une émotion prédominante chez d'autres. L'ordre des émotions peut également varier pour une même personne, au point que l'ensemble peut paraître différent chaque fois.

Le but n'est pas de ne plus ressentir d'émotions, mais de diminuer la durée et l'intensité de celles que l'on ne désire pas vivre, et ce, quels que soient les événements extérieurs. Avec un peu de pratique, on peut même parvenir à ressentir des émotions très différentes de celles auxquelles on était habitué en pareilles circonstances, simplement en modifiant notre discours intérieur.

> *En effet, même si l'affirmation semble étrange à qui n'en a pas l'habitude, les émotions que nous ressentons relèvent, en quelque sorte, d'un choix. À la longue, ça devient une évidence incontournable.*

Face à une situation, nous adoptons d'emblée un type de discours, parce que nous y sommes habitués. Nos émotions découlent de ce discours intérieur. Celui-ci est si bien ancré qu'il nous semble normal, et tellement normal que nous croyons que c'est le seul possible, et tellement le seul possible que nous considérons d'un œil sévère tous ceux qui ne réagissent pas comme nous...

On peut choisir les émotions selon notre goût pour que la réalité, sur laquelle nous n'avons pas un plein contrôle et qui apporte son lot de contraintes, nous semble plus agréable. Si nous n'avons pas de contrôle sur la réalité, nous avons la possibilité de contrôler nos émotions. En fait, il est possible de choisir ses propres émotions et, après quelque temps, de bannir presque complètement certaines émotions déplaisantes pour soi.

Il pleut le jour d'une sortie en plein air ? Il est suffisant qu'il pleuve. Il n'est pas nécessaire en plus de se sentir abattu et en colère parce que le mauvais sort s'abat « toujours » sur nous. Pourtant, la pluie n'est pas un obstacle si considérable. Beaucoup de gens participent au Tour de l'Île même s'il pleut. D'autres changent leurs projets et optent pour le cinéma. La pluie est nécessaire au maintien de la vie sur notre planète. Ce n'est donc pas elle qui est à blâmer ; c'est notre réaction à son endroit qui est à réviser. Mais allons-y tout de même de quelques nuances, car si vous perdez la récolte d'une année... En effet, ce serait là une occasion de premier choix pour vivre des émotions intenses. Rien ne vous oblige pourtant à saisir une telle occasion.

De toute façon, si vous aimez vraiment vous lamenter, vous n'avez pas besoin de la pluie. Regardez autour de vous et vous constaterez que certains n'ont pas besoin d'une occasion quelconque (comme un jour de pluie) pour se plaindre et se lamenter (si ça leur plaît, pourquoi pas ?). Certains apprécient pouvoir se plaindre, crier, pleurer, être jaloux. C'est comme ça. L'important pour vous est de multiplier les occasions de vivre les émotions qui vous plaisent, quelles qu'elles soient et malgré les événements. L'important est de diminuer les émotions que vous aimez moins, en fréquence, en intensité et en durée, malgré la présence d'occasions qui vous semblent propices pour les ressentir.

Le lâcher prise signifie ici « abandonner l'idée, dès le début, qu'en une occasion donnée, vous vous devez de ressentir votre émotion habituelle ». D'autres ressentent autre chose en une même situation. La vie, les événements passés, l'éducation ou le travail sur eux mêmes, les a amenés à apprendre – ou à choisir – qu'en cette circonstance, on vit telle émotion. Cela leur est peut-être naturel. Peut-être ont-ils appris à contrôler leurs réactions, que cela leur semble ou non, à eux aussi, un peu ardu. Vous pouvez vivre en vous-même autre chose que ce que vous vivez maintenant, sans changer le monde et sans attendre ou exiger qu'il change.

Lâchez prise quant à vos habitudes émotives. Acceptez de vous donner un contrôle ; de nombreux ouvrages sur le sujet existent. Lentement, sans vous brusquer, vous pouvez arriver à ressentir principalement les émotions qui vous plaisent. Les autres émotions resteront présentes dans votre vie, bien sûr. (Après tout, l'existence nous fournit tellement de belles occasions de frustration.) Mais, avec un peu d'entraînement, vous pourrez quitter ces états déplaisants et revenir vers ce qui vous plaît davantage.

CHAPITRE VII
ATTENTION, VOILÀ LA
PENSÉE POSITIVE !

Il est bon de penser que les événements nous seront généralement favorables, qu'on parviendra sans peine à atteindre nos objectifs. Ça aide à passer à l'action. Cependant, se persuader que tout ira à merveille sans qu'on n'ait à faire quoi que ce soit, par la grâce d'une opération magique, déclenchée par l'unique conviction que tout ira bien, c'est habituellement courir à la catastrophe. Il est bien de se persuader que tout ira dans la mesure de nos espoirs et de nos efforts, mais dangereux d'exiger que tout aille sans efforts, magiquement. Le blâme que se font habituellement les adeptes de la pensée positive est de ne pas y avoir suffisamment cru, de ne pas avoir été suffisamment convaincus.

Dans la pensée positive, on prétend que c'est la conviction qu'on apporte qui conditionne la réalité. C'est un peu comme si la réalité avait à se plier à notre volonté. Il serait préférable de mettre en doute ce postulat.

Les nombreux manuels de pensée positive sont souvent des recueils de pensée magique. Puisque je me répète que tout ira bien, à coup sûr, les choses iront bien. Puisque je me convaincs que les gens autour de moi m'aimeront et m'apprécieront, à coup sûr, je serai quelqu'un de très aimé et de très apprécié. Et, puisque j'en serai bien convaincu, il ne me restera plus rien à faire. Il me suffit de me convaincre, et hop ! tout se place, comme par magie. Il me suffit de vraiment vouloir quelque chose et de me convaincre que je l'aurai pour l'obtenir. Or, puisqu'il me suffit d'y croire pour que ça se concrétise, si la réalité ne comble pas mes désirs, c'est que je n'y aurai pas assez cru. Ce sera donc de ma faute. Si j'y avais mis assez de conviction, ça se serait produit tel que je l'avais commandé.

Il faut se méfier de ces pensées magiques qui font intervenir les autres ou l'opinion des autres. Même si je suis, dans les faits, quelqu'un de populaire, il se peut que plusieurs personnes ne m'apprécient pas. Et il est tout à fait normal et acceptable qu'il en soit ainsi. Je peux me préparer à quelque chose et user de pensée positive, je peux me répéter que tout ira bien. Cependant, même si je me suis bien préparé à la tâche (ce que la pensée positive ne juge pas nécessaire), il est possible que tout aille de travers et que ça flanche. Il y a tout simplement des jours comme ça. Bref, même si parfois ce qu'on a voulu par la pensée positive arrive et qu'on obtient de bons résultats, user d'une telle formule, c'est s'ouvrir une trappe sous les pieds. En effet, le postulat étant que le résultat est à la mesure de la conviction, si quelque chose échoue, c'est uniquement de notre faute.

La pensée positive trouve néanmoins racine dans une bonne intention. On peut en effet se composer des phrases qui affectent notre humeur et notre disposition en général. Des phrases qui apaisent, sécurisent ou motivent sont utiles. Il ne faut pas pour autant se promettre de solutions miracles. Lorsque tout va mal, malgré notre bonne volonté, il est déjà suffisant de ramasser les pots cassés sans, en plus, se blâmer.

Des phrases qui m'affirment que « j'en vaux la peine », que « vivre est généralement agréable », que « je suis capable de faire face à la nouveauté » ne sont pas dommageables. Bien au contraire. J'ai une entrevue pour un emploi et je me convaincs que je suis enthousiaste. C'est toujours bien mieux que de me répéter que je suis mort de peur. À tout prendre, me convaincre que je suis enthousiaste serait une assez bonne façon de modifier mon anxiété. Me convaincre que je suis capable de faire face à la nouveauté faciliterait ma première journée de travail. Me convaincre que la vie est belle, en général, me permettrait de concevoir comme moins catastrophique qu'un camion ait embouti ma voiture. Ces phrases n'imposent pas de critère de rendement. Je peux difficilement me blâmer de ne pas avoir obtenu, grâce à elles, des résultats merveilleux.

> Le piège de la pensée magique se révèle lorsque, malgré tout, les choses ne fonctionnent pas comme on le voudrait. Il est alors trop facile de se blâmer. Des phrases qui mettent l'accent sur des attitudes qu'on cherche à développer et sur des qualités que l'on se reconnaît, voilà qui est plus sécuritaire.

Si je me répète que je parviens facilement à me mettre à la tâche, que j'aime accomplir des choses, j'aurai éventuellement plus de facilité à débuter ma journée. Il n'est pas nécessaire que ma journée soit extraordinaire, emplie de nouveauté et de joie et qu'elle m'offre la possibilité de me réaliser pleinement. Cependant, en commençant plus facilement ma journée, j'en ferai peut-être un peu plus avec un peu moins d'efforts.

Si je me répète que je suis heureux de parler à de nouvelles personnes, j'aurai éventuellement plus de facilité à initier des conversations. Il n'est pas nécessaire que je rencontre, chaque jour, une personne qui soit pour moi un nouvel ami, un partenaire de sortie, un confident ou un être cher. Mais, en parlant brièvement à un plus grand nombre de personnes, j'aurai éventuellement un peu plus de facilité à parler à l'une ou à l'autre, je rencontrerai dans le lot des individus intéressants et quelques amitiés pourront se développer. À tout le moins, à la longue, je saurai un peu mieux comment initier et entretenir une conversation. Je serai moins mal à l'aise de parler de tout et de rien.

Certaines phrases peuvent aider à modifier un état intérieur. Nous utilisons tous, pratiquement à notre insu, un certain nombre de phrases. Elles font partie de notre bruit intérieur, nous ne les entendons plus. Une personne qui souffre d'anxiété se répète souvent que tout va mal et qu'elle ne peut rien faire pour améliorer la situation. Déjà, en soi, cette phrase est habituellement fausse. Dans la vie de tout individu, il y a de bonnes et de mauvaises choses. La nourriture n'est pas insipide à chaque repas, l'air n'est pas perpétuellement fétide, il n'y a pas constamment de danger qui nous guette. Les menus événements de tous les jours vont sans trop de problème. L'autobus finit par arriver, les métros ne sont pas toujours en panne, les voitures démarrent généralement bien et il ne pleut pas tout le temps. L'inventaire de ce qui est acceptable est long. Et, flottant au dessus de tout cela, il y a une série d'éléments plus ou moins importants qui sont plus ou moins agréables.

Se dire que tout va toujours mal est habituellement une exagération. Se dire qu'on ne pourra rien faire pour améliorer quoi que ce soit est, habituellement, se reconnaître bien peu de moyens. Cependant, de telles pensées, « tout va mal et je n'y peux rien », affectent l'humeur en général. Il est difficile, avec des pensées de cet ordre, de se sentir détendu et apte à faire face aux petits événements déplaisants qui ne manquent pas de survenir presque chaque jour. En fait, plus une personne cherche à accomplir de choses, plus elle s'expose à de petits irritants. Par ailleurs, une personne qui agit beaucoup a tendance à tenir pour acquis que tout n'ira pas parfaitement bien, qu'il y aura de nombreux ajustements à faire. Pour la personne qui agit beaucoup, ça semble normal et acceptable.

La pensée négative ne fait qu'empêcher d'agir. Elle teinte les états intérieurs. Sans que rien de particulier ne se soit produit, l'atmosphère est tendue et maussade. De plus, les pensées d'une personne peuvent se refléter sur son aspect extérieur. Lorsque vous montez dans un autobus, vous avez probablement l'habitude de jeter un coup d'œil à la ronde pour voir un peu comment les choses se présentent. Vous n'irez pas vous asseoir à côté d'une personne qui vous semble au bord des larmes, ni à côté de quelqu'un qui vous semble sur le point de tuer tout ce qui bouge. Presque intuitivement, vous repérez les secteurs plus sécuritaires où vous asseoir.

Vous détectez intuitivement l'attitude ou l'intensité des autres. De la même façon, votre attitude intérieure peut transparaître. Si vous avez la certitude que tout ce qui peut aller mal ira mal dans le pire ordre possible, il est probable que ceux qui viendront vers vous soient dans des états d'esprit similaires. Avez-vous vraiment envie de discuter avec eux ?

Vous pouvez vous convaincre lentement que tout ne va pas si mal, que tout n'est pas si terrible. Selon ce sur quoi vous porterez votre attention, vous pourrez probablement constater que ça va même plutôt bien. En scrutant votre passé, vous réaliserez que vous avez déjà réussi à vous sortir sans trop de mal de différentes situations peu commodes. Donc, s'il arrivait un pépin, vous seriez probablement encore capable de vous en sortir. Bref, les pensées négatives ne sont pas toutes fondées ; tout ne va pas très mal et il est possible de se sortir d'un mauvais pas. Cependant, si votre état intérieur transparaît quelque peu et que cela contribue à déterminer la catégorie de gens que vous attirez, il serait utile de maintenir une bonne dose de pensées heureuses.

Il est amusant de constater que ceux qui se convainquent que tout va mal ne vivent généralement pas une existence désastreuse et que la vie des gens convaincus que tout va toujours bien n'est généralement pas extraordinaire. La pensée négative n'apporte pas un si grand lot de malchance ; la pensée positive n'apporte pas un si grand lot de bonheur.

C'est comme si une vie humaine restait une vie humaine, quelle que soit l'opinion qu'on en a. Cependant, les pensées heureuses ou malheureuses tapissent l'univers intérieur et influencent les réactions face au monde extérieur. Il n'y a pas de conséquences néfastes à se raconter que la vie est belle, au contraire. L'ensemble de l'organisme s'en porte mieux, le métabolisme fonctionne de façon plus saine.

Les deux pôles à éviter sont le négativisme ou le défaitisme – alors qu'en général tout ne va pas si mal – et le positivisme à outrance ou la pensée magique – où l'on cherche à réaliser des performances par la seule force de la conviction. Il convient de constater les aspects qui vont assez bien pour nous satisfaire et de profiter des occasions de mieux-être et des petits instants de bonheur. Savoir apprécier les aspects satisfaisants sert à diminuer le négativisme. Saisir les petites occasions sert à diminuer le besoin de grandes réalisations.

La pensée positive ne devrait être qu'une façon d'aborder la vie de façon réceptive et détendue. Cela ne devrait être que de penser à des choses qui sont positives pour soi. Par la pensée positive, on ne devrait chercher que l'atteinte d'un état général de satisfaction. Il n'est pas vrai qu'il n'y a que le malaise qui pousse à l'action, il y a aussi l'intérêt, le désir, la passion. Pour l'instant, la pensée positive est un amalgame de phrases à l'emporte pièce qu'on utilise pour se faire miroiter de grands résultats et qui présentent toutefois le risque de grandes déceptions. Ce sont aussi des phrases qu'on utilise pour encourager la performance, pour presser un peu plus le citron.

Je suis capable !

Nous avons tous nos limites et ne pas les accepter est courir à la faillite. Je ne peux que soulever tel poids, au-delà, je risque les blessures. Je peux m'entraîner jusqu'à tel rendement sportif, au-delà je devrai y consacrer une part d'énergie trop importante. Ça envahira d'autres aspects de ma vie. Je serai contraint de diminuer le temps et l'énergie que je peux accorder à autre chose. Est-ce que j'en ai vraiment envie ? Je serais capable de faire plus de travail, mais il faudrait que je cesse de voir certains amis, de faire certaines activités. Mon couple pourrait en souffrir. Pousser à fond dans un domaine parce que j'en suis capable m'amène à en négliger d'autres. Est-ce là l'harmonie ? Et, même si j'en suis capable, en ai-je vraiment envie ?

Le lâcher prise ne propose pas de grandes réalisations dans quelque domaine que ce soit, mais plutôt la recherche de l'équilibre et de l'harmonie. Il propose l'action pour le plaisir d'agir, la réalisation de petites choses plaisantes, pour soi, parce qu'il est plaisant de réaliser des projets, d'atteindre des buts. Cela n'a pas besoin d'être grandiose et merveilleux. Cependant, plus on fait de petites choses, plus on sait faire de choses. On progresse sans s'épuiser. Un jour, on constate qu'on peut s'attaquer à plus et à plus encore, tout en respectant ses limites et en ayant du plaisir. Par l'expérience acquise, on peut entreprendre des projets qui auraient paru trop grands, il y a quelque temps. Plus on agit, plus on sait agir, dès que l'action n'est pas synonyme de tumulte désordonné.

> *« Je suis capable » implique un piège : « Prouve-le ! » Pourquoi alors ne pas dire : « J'ai envie, je désire ? » Il n'est pas nécessaire de prouver ses désirs et ses envies. Et un désir ou une envie sont tout à fait suffisants pour provoquer l'action. Avoir à prouver quelque chose apporte une tension. Entreprendre de réaliser un désir est excitant !*

J'ai envie de faire tel projet. Il y aura des heures de travail à investir. Ça semble ambitieux mais, en planifiant bien mes actions, en demandant parfois conseil et en faisant à ma tête, à l'occasion, il est bien possible que je réalise ce projet. En comprenant bien ce que je fais, en apprenant beaucoup, avec de la patience et du temps, je suis bien capable de parvenir à mes fins. Dans ce cas, oui, je suis très probablement capable. Si ça ne se réalise pas comme je le désire, ça ne veut pas nécessairement dire que je n'ai pas été réaliste. Il est possible de reprendre, de retravailler, de réfléchir. Il est possible de passer à autre chose… Au moins, l'exercice aura véritablement été intéressant et stimulant et j'aurai beaucoup appris. Tout cela m'aura permis de vivre de nombreux événements agréables.

Entreprendre de gravir l'Everest, qu'on parvienne ou non au sommet, reste une aventure inoubliable. Il n'est pas nécessaire de s'y acharner au prix de sa vie pour que ce soit mémorable.

Devant un projet qui importe pour soi, on n'a pas à faire la démonstration de nos capacités. Travailler à ce qui nous tient à cœur en vaut la peine, sans attente de résultat, lequel provient pourtant, la plupart du temps, de nos efforts. En lâchant prise, en faisant preuve de souplesse, il est possible de s'adapter et de modifier les détails, de façon à ce que l'ensemble fonctionne ou soit enrichissant. Agir pour prouver ne fait qu'engendrer de l'anxiété et diminuer la capacité d'adaptation. Que mon but ait été ambitieux ou non, c'est ce que je voulais faire, et je serai heureux d'y avoir consacré mon énergie. De cela, j'en suis bien capable. Ou j'apprendrai en cours de route et mes compétences augmenteront au fil du temps. Au moins, en lâchant prise quant à l'obligation de résultat immédiat, je ne me découragerai pas.

Quand on veut, on peut !

Nous avons ici une autre phrase meurtrissante de la pensée positive. La preuve par l'absurde est simple. J'ai beau vouloir sauter jusqu'à la lune, quels que soient mes efforts, je n'y parviendrai pas. Pour bien des petites choses qui peuvent sembler banales, vouloir ne suffit pas. Où est le réalisme derrière une telle affirmation ? Peut-être pourrions-nous modifier cette phrase et en faire : « Pour vouloir, il faut pouvoir. » Déjà, ça conviendrait davantage.

Ainsi donc, est-ce que je le veux ? Ensuite, est-ce que je le peux ? Le blâme sous-jacent à l'affirmation « quand on veut, on peut » est : « si tu n'as pas pu, c'est que tu ne le voulais pas ». L'exemple du saut jusqu'à la lune démontre que c'est une sottise, qu'on peut vouloir et ne pas pouvoir. Il existe bien des navettes spatiales qui nous permettent de nous rendre sur la lune, mais pas d'y sauter ! Cet argument exprime que, pour pouvoir, il faut souvent modifier ce que l'on veut et comment on le veut. Ce que je veux peut changer de forme. Je peux aussi constater que les efforts requis sont trop importants pour le désir que j'ai et cesser légitimement de vouloir. Habituellement, lorsqu'on ne veut pas, qu'on le puisse ou non, on ne le fait pas ; et cela est tout à fait acceptable.

Comme vous l'avez sans doute remarqué, le lâcher prise est une invitation à remettre en question une foule de détails qui meublent le quotidien. Les phrases chocs de la pensée positive font partie du lot. En distinguant la pensée positive du positivisme, il est possible de réviser les affirmations positivistes. Plusieurs d'entre elles sont anodines et pourtant, elles favorisent le mieux-être, elles calment et encouragent, elles facilitent le passage à l'action. D'autres sont des épées à double tranchant qui ouvrent la porte au blâme. Ce n'est pas tant la pensée que l'action qui est porteuse de résultat, et ce, même si la pensée influence l'action. Peut-être avez-vous remarqué, par l'expérience que vous procure la lecture de ce livre, que la pensée positive n'est souvent rien d'autre que l'énoncé catégorique et intransigeant d'une exigence, légèrement enrobé. Or, le lâcher prise propose, entre autres, de se détacher des exigences. C'est là une bonne raison de réfléchir deux fois, quand il nous est proposé une belle phrase de pensée positive.

CHAPITRE VIII
LES OBSESSIONS ET LES PHOBIES

Vous aimez que votre cuisine soit propre, c'est votre droit. Votre conjoint vous a préparé un souper romantique et vous avez, ô malheur, aperçu la cuisine. Le Vésuve en éruption aurait fait moins de dégâts! Pour profiter du souper et ne pas heurter votre conjoint, aussi bien oublier ce capharnaüm, du moins temporairement. S'attaquer au nettoyage maintenant ne serait pas une bonne idée. Le souper pourrait refroidir et votre conjoint en prendre ombrage. Il n'est pas nécessaire d'agir tout de suite: les dégâts ne se sauveront pas. De plus, en usant de tact, vous ferez peut-être accepter à votre conjoint l'idée que la préparation d'un repas inclut le rangement de la cuisine...

Il y a toujours la possibilité de convaincre le conjoint de ne plus préparer de repas, mais s'ils sont savoureux et qu'il prend plaisir à ses activités culinaires, ce serait bien dommage. On ne peut tout avoir: le repas préparé et la cuisine impeccable. Certaines activités humaines sont comme le ménage: elles soulèvent de la poussière. Quelle est l'option qui suscite le plus de joie? Un bon repas préparé par le conjoint et une cuisine à récurer ou pas de repas et pas de récurage? C'est à vous de choisir, mais on ne peut pas tout exiger. Chaque chose a son prix, il n'est pas toujours bon de négocier. Les choses n'ont pas à être toutes parfaites, le conjoint n'a pas à être autre chose que ce qu'il est.

Disons que vous tentez de convaincre votre conjoint de participer à la corvée de nettoyage. Encore faut-il un sens de l'à-propos. Si le but de ce repas est de poursuivre les ébats plus avant, un intermède «cuisine et vaisselle» est une mauvaise idée. Dans certains couples, la préparation d'un repas qui sort de l'ordinaire fait partie de l'opération charme. Des fleurs et des chandelles, une boîte de bonbons, une sortie au concert, un bain aromatisé, un bijou et une carte… Le souper fait donc, cette fois-ci, partie du rituel de séduction et des préliminaires amoureux. Interrompre le rituel pour une pause ménage n'a vraiment rien d'érotisant. Est-ce donc vraiment nécessaire ? Ça pourrait rompre la magie…

Comme nous l'avons dit, la cuisine ne se sauvera pas. Aujourd'hui ou demain, au fond, pourquoi pas ? En attendant, si l'autre offre le champagne… Question : vous est-il possible de chasser de votre esprit quelque chose qui n'est pas important dans l'immédiat et qui, de toute façon, ne souffre pas de vous attendre ? Non ? Entraînez-vous, de la façon qui vous convient, à laisser une tâche en suspens, tout en gardant votre calme.

Un robinet fuit. Ploc, ploc, ploc…Vos nerfs peuvent être mis à rude épreuve. La goutte qui tombe vous rappelle inlassablement qu'il faudrait juste resserrer ou changer une pièce pour que cesse le gaspillage de l'eau. Le son que la goutte produit en tombant vous rappelle la fuite. Ploc, ploc…Misère ! Mais le dessus de poêle souillé, quel son produit-il ? Si ça vous reste à l'esprit, c'est que vous l'y maintenez. Vous rappelez vous-même le souvenir. Perpétuellement. Est-ce nécessaire ? En tournant le dos, en fermant la porte, ne pouvez-vous pas oublier ? Le dessus du poêle et les comptoirs sont conçus pour être salis et lavés. Ils ne sont pas faits de bois poreux et n'absorberont pas la moindre goutte de graisse. Une fois nettoyés, il vous sera impossible de dire combien de temps les surfaces sont restées sales. Alors, qu'importe ?

Il arrive qu'il soit important de penser à autre chose, que les priorités changent. « Faire ce qui est requis » est très différent d'« être obsédé par ce qu'on a l'habitude de faire ». Profiter de l'instant présent n'est pas de la négligence, c'est favoriser les occasions qui se présentent, en laissant temporairement de côté ce qui est à faire, lorsque ces tâches peuvent être remises à plus tard sans conséquence. Bien sûr, laisser de l'huile à frire sur un rond à feu vif toute la soirée parce qu'on veut profiter d'une intéressante sortie de dernière minute n'est pas profiter de l'instant présent, c'est de la négligence. (D'accord, l'exemple est un peu gros.) Ne pas profiter de cette sortie parce qu'on doit plier les draps tout juste sortis de la sécheuse, c'est s'interdire quelque chose de bénéfique et c'est aussi de la négligence, envers ses amis et envers soi-même. On mérite de se payer du bon temps en compagnie de ses amis, lorsque les occasions se présentent, de se changer les idées et de refaire nos forces afin de mieux se préparer à accomplir les tâches qui font partie du quotidien.

Votre cuisine, ou toute autre chose, vous importe à ce point? Objectivement, la vaisselle souffre-t-elle d'être autrement que propre et rangée? Remarquez bien, il ne vous est pas demandé d'aimer que la vaisselle soit sale. Il ne vous est pas demandé de sauter de joie à chaque fois que les choses ne vont pas à votre goût. Il vous est simplement demandé de tolérer les désagréments sans que cela ne vous affecte trop. Ne serait-ce que pour pouvoir profiter d'une occasion spéciale, d'un imprévu. Vous pouvez aussi provoquer cet imprévu. Et cet imprévu peut simplement être de ne rien faire. « Parce que, tout à coup, il se présente quelque chose de nettement mieux à faire » est une raison suffisante pour s'accorder le droit de le faire. Il peut y avoir un prix, il peut y avoir des conséquences. Acceptez-vous ce prix, acceptez-vous ces conséquences?

Dans l'exemple de la cuisine, si votre conjoint passe après la vaisselle, ne soyez pas surpris s'il ressent, à la longue, une baisse de son estime personnelle. Nous tenons cependant à préciser qu'il n'est nullement question de vous blâmer parce que vous désirez avant tout que la vaisselle soit lavée. Il existe, en ce monde, des gens qui pourraient trouver tout à fait charmante cette caractéristique. Mais est-ce que la vaisselle vous obsède au point qu'elle vous empêche d'être disponible à autre chose? Est-ce que des objets, qui ne souffrent pas, passent avant des humains, en l'occurrence vos proches qui, eux, peuvent en souffrir?

Si oui, êtes-vous d'accord pour que la vaisselle, ou toute autre chose, prenne tant de place et d'importance ?

Se défaire de l'obsession

À peu près tout le monde a ses obsessions. Certains vont se laver trois fois par jour; d'autres vont laver leur linge après ne l'avoir porté que quelques heures. Certains ne posent jamais les pieds sur les fissures de trottoirs; d'autres comptent tout ce qui les entoure (lampadaires, lumières dans les métros ou les édifices, etc.). Certains se lavent les mains sitôt après avoir manipulé un objet; d'autres lavent leurs poignées de porte matin et soir.

> Les obsessions sont de tous ordres: parfois banales et sans gravité, voire amusantes; parfois plus graves, au point de vous empêcher de fonctionner en société. Une obsession envahissante et invalidante peut être traitée. Ce dont il faut vous rappeler, c'est que vous n'êtes pas obligé d'accepter une obsession si elle vous rend malheureux.

Petite parenthèse ici, de trois paragraphes. Pour certaines personnes, l'obsession peut être très importante. Il est dommage que l'idée que tout le monde devrait avoir, en tout temps, le parfait contrôle de ses pensées soit si répandue. Le cerveau, qui est le siège des pensées, est un organe, au même titre que l'estomac ou le cœur. Il y a, dans le cerveau, un nombre incroyable de connections entre, environ, cent milliards de neurones. Le cerveau est le siège d'activités fort complexes, qu'on ne comprend encore que très peu, et ce, même si, chaque année, des progrès importants sont réalisés dans ce domaine.

Lorsque vous avez mal au ventre, vous n'avez pas honte de consulter un médecin. Si vos pensées vous semblent étranges, que tout part dans une direction que vous ne semblez pas pouvoir choisir, il est possible que vous ayez « mal au cerveau ». Même un dérèglement mineur peut vous embêter de façon prodigieuse. Le cerveau est un organe qui peut se dérégler de façon naturelle. Et on sait maintenant comment corriger bon nombre de ces dérèglements.

Si ce qui se produit dans votre esprit vous cause de grands désagréments, ne vous faites pas de reproches. Vous n'avez pas à endurer cela. Il faut d'abord vérifier si ce n'est pas du ressort de la médecine. Il se peut que ce soit très facile à traiter. Il se peut aussi que ce soit ce que l'on appelle un « trouble cognitif ». Ce n'est pas la chimie du cerveau qui ne va pas, mais il y a quand même un problème au niveau du traitement de l'information. Il existe des méthodes éprouvées qui peuvent grandement vous aider. Les phobies, les manies et les obsessions peuvent être traitées et vous pouvez obtenir de l'aide. Il n'y a rien d'héroïque à faire cavalier seul devant la difficulté. Ici se termine la parenthèse sur le cerveau et son fonctionnement.

Vouloir que la cuisine soit un lieu propre et coquet est parfaitement légitime, mais en faire une obsession peut vous empêcher d'en profiter. Si vous désirez une cuisine digne des photos de magazine, vous devez savoir que, pour ces photos, une équipe se présente le matin et nettoie tout, de fond en comble. Elle enlève les objets communs pour les remplacer par d'autres. Certains meubles sont ajoutés. Les accessoires sont neufs et déballés pour l'occasion. Si votre cuisine est choisie par un magazine, elle ne ressemblera pas en photo à l'endroit où vous vivez. Personne ne vit dans des cuisines telles qu'on nous les montre dans les revues. Et il en va ainsi de la grande majorité des endroits dont on veut nous faire rêver. Ce n'est que du vent.

Comment faire ?

Si l'état de votre cuisine, ou de toute autre chose, devient une obsession, un entraînement destiné à vous calmer et à vous détacher est possible. Cet entraînement s'appelle *désensibilisation systématique* et se fait alors qu'il n'y a pas d'urgence. Par exemple, si un verre qui traîne au fond de l'évier est intolérable pour vous, on ne vous demandera pas, la première fois, de tolérer que de la vaisselle sale traîne depuis deux jours alors que vous vous préparez à recevoir. On ne s'expose à ce qui suscite du stress que d'une façon qui peut être contrôlée.

Il faut que la vaisselle soit propre et rangée ? Un soir où vous n'avez rien d'autre à faire, vous la lavez et vous la laissez sécher plutôt que de l'essuyer. Pendant qu'elle sèche, vous lisez un bon livre… Pensez à autre chose et calmez-vous. Observez le temps qui passe. Quand l'exercice est suffisant pour votre résistance, quand vous avez de la difficulté à maintenir un état paisible, mettez fin à ce qui occasionne, chez vous, de la tension. Retournez à votre vaisselle et rangez-la. Refaites l'exercice une autre fois. Puis encore et encore. Le plus souvent possible jusqu'à ce que la vaisselle ne vous embête plus.

Plus tard, vous laisserez passer une nuit avant de la laver. Quand tout cela vous semblera complètement inutile et qu'il ne vous importera plus de la faire tout de suite ou le lendemain, choisissez le moment qui vous convient le mieux pour la faire ; agissez par choix et non par obligation. Ne pas trop tarder avant de la laver n'est pas bête. C'est plus facile quand les aliments n'ont pas fini de sécher ! Et encore ! La vaisselle est justement conçue pour pouvoir tremper ! Donc, qu'importe que ça sèche ! Ce qui compte, c'est de simplement pouvoir tourner le dos, sans grand malaise, à quelque chose qui, de toute façon, n'aura pas de grave conséquence sur votre existence.

L'exemple de la vaisselle vous semble farfelu ? Il ne l'est pas. Bien des gens vivent une obsession face à l'entretien ménager ou face à un aspect quelconque de leur vie. D'autres ressentent une peur phobique face à quelque chose de, somme toute, parfaitement banal. Dans ces cas, le même genre d'approche offre de bons résultats à court terme. Il est plus facile de se désensibiliser lorsqu'on parvient à contrôler la situation et l'angoisse. Dans l'exemple de la vaisselle, vous contrôlez le moment où vous vous exposez à ce qui est une source de tension et le moment où vous choisissez de mettre fin à l'entraînement. Et vous utilisez vos façons habituelles ou nouvellement acquises pour contrôler le stress.

Se défaire de ses phobies

Vous avez peur des chiens, des chats, ou d'autre chose, qu'importe. Regarder une araignée avec dégoût est acceptable. Perdre connaissance devant l'araignée est un peu exagéré. Vous mettre à hurler ou à pleurer est encore trop. Demander à quelqu'un d'autre de la tuer est acceptable, tant que pour cela vous n'ameutiez pas tout le voisinage. Être incapable de la tuer vous-même peut être un handicap.

Il n'est pas « normal » d'avoir peur d'un animal, quel qu'il soit. Il n'est pas « anormal » d'aimer un animal, quel qu'il soit. Des gens élèvent des lézards, des serpents et même des tarentules. Dès que la peur vous paralyse, vous pouvez y remédier. En fait, dès qu'une idée suscite une réaction à couper au couteau, qui ne laisse place à aucune nuance, vous pouvez la traiter. Mais les phobies d'abord.

Comment faire ?

Prenons un exemple. Vous n'aimez pas les chiens. Il existe probablement autour de vous des gens qui ont de très bons chiens. Sinon, allez observer de loin dans un parc. Vous verrez probablement, un jour ou l'autre, un maître de chien qui vous semblera sympathique et qui aura sur son animal un parfait contrôle. Prenez votre courage à deux mains et abordez cette personne, de loin d'abord.

Il y a moyen, petit à petit, de se détacher de ses peurs. Un claustrophobe, c'est-à-dire quelqu'un qui a peur de se retrouver dans un endroit clos, a déjà utilisé un placard, chez lui, pour s'entraîner. À la fin, il n'y avait plus rien d'autre qu'une tablette, une chaise et une ampoule. Il y déjeunait presque chaque matin, avec son journal, porte close. Pour quelqu'un qui n'a pas peur des endroits clos, un tel comportement n'aurait pas de sens. Mais, pour lui, débuter ainsi sa journée, c'était débuter sa journée par une belle victoire. Pour lui, agir ainsi avait vraiment du sens.

Un claustrophobe qui déjeune dans un placard, il faut le faire ! Il a continué d'agir de la sorte en raison du fait qu'il était encore mal à l'aise dans les ascenseurs et le métro. Entre le moment où il a eu cette idée, en regardant un reportage à la télévision, et le moment où il a simplement pu refermer la porte derrière lui quelques secondes, il a pratiquement fallu des mois. Les peurs sont habituellement puissantes lorsqu'elles sont bien ancrées. Mais la persévérance contre elles porte ses fruits.

Vaincre ainsi la claustrophobie est long. S'habituer à l'idée que l'on va agir ainsi n'est pas facile. Préparer le placard pour l'exercice est encore pire : cette fois, c'est pour vrai, on s'y prépare, on va le faire. Par la suite, il faut s'asseoir, porte ouverte d'abord. Le cœur bat la chamade à la simple idée qu'un jour on fermera la porte. Une ou deux semaines passées à garder la main sur la poignée et à hésiter. Fermer de plus en plus. Prendre une semaine de pause, avec la date de la reprise fixée à l'avance. Recommencer. Fermer lentement. Et ainsi de suite jusqu'à y passer une heure chronométrée, une heure neutre et sans émotion.

Pour revenir à l'exemple du chien, remarquez bien que ce n'est pas l'animal qui vous fait peur, mais que c'est vous qui vous faites peur avec le chien. De la même façon, ce n'est pas la vaisselle qui vous obsède, c'est vous qui vous obsédez avec la vaisselle. Dans les faits, donc, toute idée qui vous obsède peut se traiter. Si vous n'avez plus peur des chiens, c'est que vous avez révisé votre opinion à leur endroit, c'est que vous avez compris progressivement qu'ils ne correspondaient pas à l'idée que vous en aviez.

Une peur n'est qu'une idée

Toutes ces peurs ne sont que des idées que vous entretenez. Ces dernières peuvent être confrontées à la réalité. Certes, il est déjà arrivé qu'un chien morde un humain, mais tous les chiens ne mordent pas. Se défaire de ses phobies ne signifie pas qu'on doive se mettre à agir de façon insouciante. Il faut tenir compte qu'un animal, quel qu'il soit, peut conserver ses instincts. Ainsi, que vous ayez ou non peur des chiens, il ne sera pas prudent de mettre votre visage à proximité de sa gueule, de lui tirez les oreilles ou de vous en approcher trop brusquement. En effet, la majorité des peurs qu'on peut éprouver trouvent leur fondement dans la réalité. Il existe des endroits plus dangereux lorsqu'il fait noir, des façons plus sécuritaires de se comporter avec les chiens, des araignées dont la piqûre peut être mortelle, etc.

Si vous avez peur des chiens, allez consulter le propriétaire d'une école de dressage qui pourra vous fournir plus de renseignements sur l'animal et sur son comportement. Même si vous ne voulez pas de chien, il sera probablement heureux de vous aider : tellement de gens agissent inconsidérément avec les animaux et un professeur de dressage le sait bien. Que quelqu'un qui a peur des chiens vienne s'informer sera probablement perçu d'un très bon œil.

Vous avez peur des insectes ? Informez-vous à l'insectarium. Ils ont des guides. Peut-être que l'un d'eux acceptera-t-il de vous rencontrer. En général, les gens sont bien contents de parler de leur passion avec les autres. Il se peut qu'il y ait là des professionnels aptes à vous aider et désireux de le faire. Faites quelques appels, prenez la peine de vous renseigner. L'information compte pour beaucoup.

> *On a beaucoup plus peur du monstre que l'on entend que du chat que l'on voit. En comprenant mieux ce qui vous fait peur, vous saurez mieux y réagir.*

Tout cela fait partie du lâcher prise. Pour faire face à une peur et la modifier, il est nécessaire de cesser de la considérer comme normale et essentielle à votre salut. C'est étrange, mais néanmoins vrai : il n'est pas rare qu'une personne s'identifie à sa peur ou à son obsession. Ce n'est pas fou ! Des phobies et des obsessions majeures, ça occupe beaucoup de temps dans la vie d'une personne. Quand on vous demande ce que vous faites, vous répondez par ce qui occupe la majeure partie de votre temps, généralement votre emploi. Si on vous demande qui vous êtes, vous répondrez éventuellement en utilisant encore votre emploi pour vous définir. C'est normal, puisque ça occupe beaucoup de place dans votre vie, dans votre quotidien.

Lorsque vous êtes habité par des idées qui reviennent et reviennent encore, une certaine relation s'établit. Le claustrophobe de l'exemple précédent a attendu un bon moment avant d'entreprendre le processus de changement. Il s'est longtemps demandé s'il fallait agir. « Est-ce correct de changer qui je suis ? » (Il disait en effet « je suis claustrophobe » ; il ne disait pas « je souffre de claustrophobie ».) C'est tout un travail que de s'habituer à vivre ainsi. Il était parvenu à une forme d'équilibre avec sa phobie et il ne lui plaisait vraiment pas de tout remettre en question. C'est ici qu'intervient le lâcher prise. « Je me détache de tout cela. Je ne veux plus que ça fasse partie de moi. Je pars en voyage, ailleurs. » Lâcher prise quant à la peur qui vous contrôle, c'est prendre vous-même le contrôle sur elle.

L'obsession, parfois un moyen de diversion

Il est possible de considérer les peurs et les obsessions d'une autre façon. Il est possible qu'elles soient tout simplement un moyen pour détourner l'attention. Il en va de même pour les peurs. Un exemple ? Vous avez une tâche à accomplir qui ne vous plaît pas vraiment. Au lieu d'y faire face, vous dépensez toute votre énergie sur une tâche de diversion. À l'école, étant enfant, combien de fois n'avez-vous pas décidé de faire le ménage de votre chambre au lieu de faire votre devoir de math ? Combien de fois avez-vous fait votre devoir de français, requis dans une semaine, au détriment du devoir d'histoire devant être remis le lendemain ? Bien sûr, ensuite, on peut dire qu'on n'a pas eu le temps. Des dossiers à ranger ? Et hop, on fait le ménage du salon. Une pièce à repeindre ? Et hop, on va tondre la pelouse. Un coup de fil important à passer ? Et hop, on va aider un voisin à déménager.

Parfois, une personne est consciente de ce qu'elle pourrait faire si elle ne souffrait pas de telle ou telle obsession. Elle peut même se plaindre, à l'occasion, de ne pas pouvoir faire cette chose qui lui tient tant à cœur. De nombreuses idées peuvent empêcher d'agir, qu'elles vous paraissent sensées ou non. Par exemple : « qu'est-ce qu'on va penser de moi ? Je n'ai pas le droit de viser si haut ; ce sera tellement de travail ». S'attaquer à ce projet important implique de peut-être rater son coup... La personne peut aussi croire que, si elle entreprend le projet qui lui tient à cœur, quelque chose de déplaisant peut en résulter. Et ça, ce serait terrible. Alors, n'importe quel moyen pour ne pas le faire en vaudra la peine. Voilà une porte d'entrée pour les manies et les phobies. Cette explication ne s'applique évidemment pas à toutes les phobies, il ne faut pas généraliser. Chaque cas est unique.

Quelle que soit l'idée avec laquelle vous parvenez à vous paralyser, il y a moyen d'en venir à bout. Il n'est pas nécessaire de vous culpabiliser. Dévier les tensions est un réflexe de protection tout à fait normal. C'est comme pour les allergies. Une allergie, c'est un mécanisme de défense qui se déclenche en présence d'un élément qu'on ne tolère pas. Les manies et les phobies sont parfois le résultat de mécanismes de défense contre les tensions que vous ressentez. Dans un tel cas, il convient de lâcher prise face aux idées qui ont déclenché ce réflexe et celles qui l'entretiennent. Une personne qui souffre d'une allergie traite les symptômes d'allergie comme son environnement, pour diminuer la présence de l'allergène. On peut effectuer la même démarche dans le cas des obsessions ou des peurs.

Il est habituellement profitable, voire nécessaire, de diminuer la tension dans un système avant d'intervenir. C'est pour cette raison que, dans la perspective du lâcher prise, nous vous proposons d'utiliser différentes méthodes pour vous détendre et prendre soin de vous. Changer des détails dans votre système de pensée personnel constitue déjà en soi un stress, surtout au début. Il est difficile d'obtenir sur soi des résultats durables si on agit dans la précipitation et dans l'agitation. Une modification des habitudes peut être préoccupante mais, pour changer, il faut s'exposer à ce stress. Après des semaines d'immobilité, à la suite d'une fracture, il faut remettre le membre en mouvement. Le faire bouger est source de fatigue et de tension. Mais, pour lui redonner de la force, il faut faire travailler le membre. Pas n'importe comment, toutefois, pour ne pas provoquer une autre blessure.

Changer une habitude bien ancrée, c'est s'exposer. Il est plus efficace, dans bien des cas, de s'exposer progressivement, en contrôlant le plus possible la situation. En s'exposant sans trop de stress – plus précisément, en réduisant le stress –, il est possible d'obtenir des résultats durables. Bien souvent, des tâches de diversion feront tout à fait l'affaire pour réduire la tension. Eh! oui, comme dans l'exemple précédent où l'on tondait la pelouse plutôt que de repeindre la pièce, ou que l'on faisait le ménage du salon plutôt que de ranger les dossiers. Revenons à l'exemple du début. Vous avez un mal fou à ne pas vous acquitter de la vaisselle tout de suite après le repas et cela occasionne des frictions ou des tensions. Bon. Dans l'entraînement, lorsque par exemple vous décidez de laisser sécher la vaisselle plutôt que de l'essuyer et de la ranger, vous pouvez dévier la tension en introduisant une diversion. Regardez la télévision, lisez un bon livre, jouez à un jeu vidéo. Faites n'importe quoi, bref, qui ne soit pas une corvée. Le but est de vous distraire de la tension que vous ressentez à l'idée de ne pas terminer la vaisselle, pas de vous accabler avec une tâche supplémentaire. Votre but est de réduire la tension pour que les résultats soient durables.

Bien sûr, tout cela n'était qu'une série d'exemples pour illustrer la perspective offerte par le lâcher prise, par le fait d'agir sans que les gestes soient obligatoirement parfaits, sans que les résultats soient nécessairement grandioses ou sans qu'un contretemps ou un échec soit le grand drame qui fait que tout s'écroule. Le lâcher prise est une attitude qui s'apprend et qu'on peut appliquer à une multitude d'aspects du quotidien, jusqu'à en faire une seconde nature. Ça s'apprend, mais il est préférable de commencer par de petites choses, ne disons pas insignifiantes, disons plutôt banales. Du plus petit au plus grand.

À la fin, vous verrez que « grand » n'est pas « grand » du tout, parce qu'on lâche prise face à l'idée de grandeur : elle comporte trop de tensions inutiles. Dans le lâcher prise, on s'attaque peut-être à ce que d'autres appelleraient de grandes choses. Qu'importe. On entreprend parce que c'est intéressant, stimulant, enrichissant, captivant, parce que c'est vraiment agréable. Pas parce que c'est « grand ». Si, malgré tout, c'est encore trop « grand », abandonnez l'idée pour quelque temps. Vous y reviendrez une autre fois. S'il y a moyen de vivre autre chose d'agréable ailleurs, quelque chose qui vous intéresse et vous stimule tout autant et qui comporte l'avantage de moins vous angoisser, pourquoi vous presser ?

Il n'est pas obligatoire de ne plus avoir de compulsion ou d'obsession, parce qu'on risque alors de se retrouver dans la situation paradoxale d'être obsédé par le traitement des obsessions. Et, lâcher prise, c'est justement ne pas trop «s'en faire», quand c'est possible.

CHAPITRE IX
LES APPROCHES DISSOCIATIVES

Comme leur nom l'indique, les approches dites dissociatives proviennent de la « dissociation : considérer séparément ». Sont classées sous cette rubrique toutes les approches ou techniques qui prétendent que l'individu n'est pas seul et unique en lui même. Si vous croyez, par exemple, avoir des guides spirituels, des aides qui vous accompagnent, vous avez accès en vous-même à vous et à vos guides. C'est la même chose si vous considérez que votre personne est constituée d'un ça, d'un moi et d'un surmoi, si vous pensez qu'un hémisphère de votre cerveau est analytique, tandis que l'autre est analogique, et que vous « consultez » les deux hémisphères lors de vos réflexions.

Les approches dissociatives sont, en quelque sorte, un jeu que l'on joue avec soi-même pour rendre certains aspects plus clairs. Il ne s'agit pas de jouer longtemps. Peut-être en effet ne vous plaira-t-il pas. Toutefois, le lâcher prise propose de modifier les perspectives et d'aborder l'existence avec la souplesse et la créativité favorisées par les approches dissociatives. Parfois, dans le cadre de certaines approches psychologiques, on joue à la chaise vide.

> On imagine qu'une personne avec laquelle on désire discuter se trouve devant nous, assise sur une chaise. Par exemple, j'assois ma mère, qui me reproche la longueur de mes cheveux. Dans la discussion que j'ai alors avec elle, des souvenirs peuvent resurgir, des aspects de notre relation

peuvent émerger. Je peux aussi m'apercevoir que je lui prête des propos, dans mon esprit, qu'elle ne me tiendrait pas dans la réalité. Cela me permet de réviser bon nombre de détails quant à notre relation réelle et de me sentir plus à l'aise avec elle lorsque nous avons une discussion.

Les approches dissociatives nous enseignent à tenir compte de certains aspects qu'on aurait peut-être négligés autrement. Comme nous l'avons déjà mentionné, une personne tient en équilibre ses divers déséquilibres. Il y a, en chaque individu, un réseau de tensions, qui ne sont pas toujours précises, identifiables. Les méthodes dissociatives constituent une façon de les rendre plus «tangibles», plus accessibles à la conscience. Il ne s'agit jamais, dans la démarche du lâcher prise, de se déstabiliser ou d'aller plus rapidement que ce que permet son propre confort. Si, par ces méthodes, vous découvrez des zones grises qui vous sont peu familières, allez-y progressivement. Il s'agit ici de donner une existence plus «personnelle» aux tensions qui nous habitent. Cela permet de les ressentir, d'en tenir compte, de les calmer et de les intégrer afin qu'elles ne nous fassent pas agir à notre insu. Est-ce que l'une de ces méthodes sera pertinente pour vous ? C'est à vous de le décider.

Les hémisphères dissociés

Lorsque les neurochirurgiens ont procédé aux premières interventions destinées à corriger des troubles de la personnalité ou des problèmes d'épilepsie, ils pratiquaient, entre autres, une coupure des connexions nerveuses entre les deux hémisphères du cerveau, abrités par le cortex. L'apparence de ces deux hémisphères est très proche des deux cerneaux d'une noix. Cette matière, aussi appelée «matière grise», présente de nombreux sillons et contient une multitude de neurones. Des sillons profonds divisent le cerveau en quatre lobes : les lobes temporaux, pariétaux, occipitaux et frontaux. Ces derniers se chargent de la pensée, des émotions et des fonctions mentales et intellectuelles hautement spécialisées. On désigne par les termes *corps calleux* la substance blanche qui réunit les deux hémisphères cérébraux.

Autrefois, pour soigner l'épilepsie, on procédait à une intervention neurochirurgicale appelée *lobotomie*, laquelle visait, en sectionnant le corps calleux, à déconnecter le lobe frontal du thalamus pour agir sur les émotions. À la suite de ces interventions et de l'étude des dysfonctions courantes ou résultantes de traumatismes crâniens, les chercheurs ont constaté qu'il existe ce qu'ils appellent une *latéralisation des fonctions du cerveau*. Le côté gauche du cerveau serait plus froid et plus analytique. Le côté droit, quant à lui, serait plus émotionnel ou *analogique*. De nombreux indices ont permis de conclure que leurs fonctions étaient différentes et que des conflits pouvaient survenir entre elles. Ainsi, alors que chez les personnes normalement constituées, la « discussion » se produit à l'intérieur, celles qui ont subi une lobotomie doivent extérioriser leur discussion.

Un exemple ? Au moment où une personne s'habille, la main droite choisit un vêtement et la main gauche l'intercepte pour l'empêcher de terminer le geste. La personne doit alors tenter de prendre un autre vêtement jusqu'à ce que les deux mains en arrivent à un accord.

Cela peut nous sembler très farfelu. Mais ce phénomène est bien connu des médecins, des psychiatres et des psychologues. Il est appelé *apraxie diagnostique*. C'est le constat que les deux côtés du cerveau fonctionnent de façon distincte et que, chez l'individu non lobotomisé, une négociation intérieure se produit entre les deux hémisphères. Cette « discussion » ne pouvant avoir lieu dans un cerveau lobotomisé, la personne est contrainte de négocier différemment, les deux mains argumentant à leur façon.

Maintenant, comment le fait de comprendre que les deux hémisphères du cerveau fonctionnent de façon distincte peut-il nous être utile ? D'abord il faut savoir encore autre chose pour pouvoir se forger une opinion. Par exemple, est-ce que l'imaginaire a réellement un effet sur le cerveau ? La réponse est oui. Les recherches en imagerie (comme la résonance magnétique) démontrent que, lorsqu'un individu se remémore des images, les aires visuelles du cerveau fonctionnent de la même façon que lorsqu'il regarde effectivement une image. Par exemple, si on pense au fait de bouger, les aires du cerveau qui contrôlent le mouvement auront des activations semblables à celles qui sont provoquées par le mouvement réel. Même chose avec des odeurs, des émotions, etc. L'imaginaire entraîne, à l'intérieur du cerveau, des réactions analogues à celles qui sont ressenties en situation réelle. Cela renforce d'autant plus les propositions faites dans le chapitre traitant de la visualisation !

Ainsi, nous savons que les deux côtés du cerveau ont des fonctions différentes. Un hémisphère plus émotif, l'autre plus technique ; un hémisphère plus analogique, l'autre plus analytique. Nous savons aussi que l'évocation de la réalité entraîne une activité du cerveau semblable à celle qui se produit dans la réalité. Il existe une conversation entre les deux hémisphères du cerveau, qui se fait naturellement, involontairement, sans qu'on s'en rende compte. Il n'en faut pas plus pour émettre l'hypothèse farfelue qu'on peut effectivement entretenir une conversation entre les deux hémisphères du cerveau, mais volontairement, sciemment.

Évidemment, les puristes en neuropsychologie trouveront à redire, tout n'étant pas rigoureusement exact dans les faits rapportés. On pourra affirmer qu'il existe telle ou telle différence entre la perception réelle et l'imagination. Ces différences – parfois relativement grandes, parfois moins, mais toutes importantes pour un neuropsychologue – n'empêchent pas qu'il existe une activité réelle provoquée par l'imagination ou l'évocation et que, *grosso modo*, les profils constatés entre l'expérience réelle et l'expérience imaginée présentent des similitudes.

La science procède avec beaucoup plus de précaution que nous. Ainsi, il n'est pas « scientifique » de dire que le sport est bon pour la santé. En effet, le terme *sport* est trop vague, de même que le terme *santé*. En science, l'affirmation « le sport est bon pour la santé » n'a pas plus de sens que les propositions que nous avançons. Il n'en demeure pas moins que, si on considère ceci comme un exercice amusant, les perspectives sont attrayantes.

Voici l'explication du jeu. Comme on peut activer les régions du cerveau qui traitent la vision par l'évocation d'une image, on pourrait éventuellement activer, en alternance, chaque côté du cerveau, simplement en y pensant. On pourrait éventuellement leur donner alternativement la parole et leur demander leur avis. Après tout, pourquoi pas ? Même s'il ne s'agit pas d'une grande vérité examinée et démontrée par la science, on peut prendre la peine de s'y attarder.

Faire l'exercice de consulter chaque côté du cerveau au moment d'une réflexion ou d'une prise de décision ne serait qu'une occasion de s'interroger sur des points de vue opposés. En soi, c'est une action souhaitable et valable, surtout lorsqu'on recherche de nouvelles façons d'agir en différentes circonstances. Il n'est pas nécessaire de pousser plus loin ou que soit vraie l'idée qu'on puisse consulter séparément les deux côtés du cerveau. L'occasion de considérer d'autres points de vue est en soi suffisante. Un côté est rationnel, l'autre émotif, n'est-ce pas ?

> *Devant une réaction qui nous est habituelle, on peut consulter les deux côtés de notre cerveau et savoir comment ils réagissent. On peut pratiquement leur poser des questions, comme s'il s'agissait d'individus distincts. On peut leur demander d'expliquer leur raisonnement. On peut leur demander s'ils sont d'accord ou non. On peut*

> *négocier. Ce jeu, qui peut sembler étrange au début – voire déroutant pour certains –, devient très amusant et est une source de nouveauté et d'innovation. Cela permet d'explorer des horizons qui nous étaient encore inconnus.*

Ce sont précisément ces nouvelles perspectives qui importent, qu'il soit vrai ou non que les deux hémisphères puissent ainsi travailler de façon dissociée. La proposition de dissocier les hémisphères du cerveau n'offre qu'une occasion de plus de considérer les éléments qui composent notre équilibre pour nous diriger vers un équilibre nouveau, plus fluide, moins contraignant, plus facile à maintenir. Il en va de même pour toutes les autres méthodes de ce chapitre : de nouveaux prétextes pour ressentir les tensions qui nous habitent et qui sont peut-être moins accaparantes que ce que nous croyons. Toute occasion de prendre conscience de soi ouvre la porte à un équilibre nouveau qui tient compte de l'ensemble plus vaste de nos possibilités. On a ici une possibilité peut-être saugrenue, mais néanmoins très profitable, d'élargir nos perspectives.

Et cela permet des commentaires amusants. Ainsi, au lieu de dire qu'il faut tourner sa langue sept fois avant de parler, on pourra maintenant dire qu'il faut consulter chaque hémisphère trois fois avant d'agir...

L'approche psychanalytique

Encore une fois, la « mise en garde scientifique » s'impose. Il ne s'agit pas ici d'un résumé formel de la psychanalyse. N'importe quel psychanalyste trouverait beaucoup à redire. Qu'il ne soit surtout pas question ici de thérapie ! Nous sommes à la recherche de façons différentes et innovatrices d'utiliser notre imagination pour parvenir à voir autre chose que ce à quoi nous sommes habitués.

En psychanalyse, il existe trois grandes instances qui négocient entre elles. D'abord, le ça. C'est la partie qui ressent le plus les pulsions et les désirs. Quand un enfant est jeune, il n'a qu'un ça, il est un être de pulsions. On n'a qu'à penser à un enfant devant une distributrice de bonbons. Il en veut de façon acharnée. Le ça ne tient pas compte du contexte dans l'expression de ses désirs. (Pour ceux qui ont envie de voir un «ça» à l'œuvre, le personnage de la comédie *Arthur*, incarné par Dudley Moore, en est un parfait exemple.)

Pour retenir cet enfant, au début, nous avons les parents. À la longue, et c'est souhaitable, les parents ne prendront plus les décisions pour l'enfant. Nous finissons par intégrer les valeurs défendues par nos parents. Cette intégration de l'autorité parentale crée le surmoi. C'est lui qui porte la norme, le critère, le code de conduite. C'est l'autorité qui retient, limite et contraint le ça. Un peu comme le ferait le Schtroumf à lunettes. (Le majordome du film *Arthur*, incarné par John Gielgud (dans le rôle de Hobson), est le genre de surmoi que l'on souhaiterait à tous : dispensateur de conseils judicieux sans être trop contraignant.)

Entre ces deux tensions se forme le moi, c'est-à-dire la conscience de qui on est. Quand Yvon Deschamps chantait «Je suis moi et personne d'autre !», c'était de ce moi dont il était question. Quand l'enfant aux bonbons devient adulte et demande un bonbon d'adulte (une voiture, un chalet) et que le Schtroumf à lunettes lui fait la morale, c'est le moi qui devrait en dernier lieu prendre la décision.

Alors, on a ici un trio. La pulsion du ça, la norme du surmoi et la décision du moi. Comme dans l'exemple des cerveaux dissociés, il n'est pas nécessaire qu'ils existent réellement pour qu'on les utilise. On n'a pas besoin d'être en accord avec les concepts psychanalytiques pour que cela ouvre la porte à de nouvelles idées.

> Dans n'importe quelle situation de tension, on peut s'interroger pour savoir laquelle de ces trois instances n'est pas satisfaite. Je me sens mal? Est-ce le ça qui se plaint de ne pas avoir son bonbon, de ne pas pouvoir prendre son après-midi pour s'étendre au soleil? Est-ce le surmoi qui trouve que le comportement actuel ou envisagé n'est pas digne du prestige et du décorum? Est-ce le moi qui trouve inadéquat que quelqu'un d'autre occupe l'avant-scène? Comme on peut le constater, il y a ici une occasion de poser sur soi un regard nouveau.

À vous de décider, selon les situations que vous rencontrez, qui doit occuper l'avant de la scène ou qui le moi devrait privilégier. Au travail, que le surmoi soit très actif ne pose pas de problème. En effet, que le travail corresponde à ce qui est attendu n'est pas pour nuire. Dans une fête, que le surmoi soit trop vigilant n'est pas l'idéal. Se laisser aller à avoir un maximum de plaisir, c'est davantage du ressort du ça. Un bon ça, bien dégourdi et capable de tirer le meilleur parti de la situation sans pour autant dépasser les limites, est nettement plus agréable pour les autres convives. Le moi, dans tout cela, occupe le siège du capitaine. Quand c'est adéquat, le capitaine passe les commandes à son second, à son navigateur, qu'importe. Mais le capitaine est en droit de céder temporairement son siège et de le reprendre par la suite. En effet, le capitaine ne demande jamais son siège, il le reprend. C'est à lui. Et à personne d'autre. Quand le capitaine donne le contrôle du vaisseau à un autre, c'est une assignation, un ordre qui n'a pas à être contesté. Quand il reprend le vaisseau, il met fin à l'ordre, avec la même autorité et la même légitimité.

Le moi devrait être en mesure de dominer la discussion et d'y mettre fin au besoin. Ceux qui prendront l'habitude de consulter le ça et le surmoi se retrouveront à l'occasion à regarder le moi comme s'il était, lui aussi, une entité séparée. Un peu comme s'il y avait un autre moi qui émergeait du premier. Ainsi, par exemple, survient une discussion. Le ça émet son désir. Le surmoi fait part de son objection. Le moi prend la décision. Parfois les trois se mettent à discuter ferme. Il peut arriver qu'on se sente extérieur à tout cela, comme si on regardait le tout se dérouler sous nos yeux. Mais on peut intervenir. Il convient alors de conserver une attitude ferme et catégorique. Il ne faut pas considérer qu'on a un seul instant à s'expliquer davantage avec soi-même. Si vous vous sentez au dessus de ces discussions, adoptez l'attitude du chef suprême, juste et ferme, à la roi Salomon.

Cette façon particulière de mettre sa vie intérieure en scène est très intéressante. Elle organise la forme que prend la discussion qu'on a avec soi-même. Quand on se sent en situation de conflit intérieur, on peut rapidement constater qui tente de prendre la vedette. Plus encore – et c'est particulièrement efficace – on peut enseigner à ses instances comment on désire qu'elles se comportent. Un surmoi trop envahissant ? On lui donne simplement l'ordre de se taire pendant qu'on interroge les autres. On peut pratiquement chasser le surmoi, en sachant cependant qu'il écoutera à la porte. Toute instance qu'on chasse ainsi d'une discussion intérieure écoute à la porte. Et c'est ce qu'il faut. On n'a pas à se cacher à soi-même des parties de soi. Évidemment, et peut-être surtout, on ne tente jamais de régler en une seule journée ce qui a pris des années à s'installer.

Tout ceci permet de porter un regard neuf et assez pénétrant sur soi. Les méthodes dissociatives permettent de travailler directement à un nouvel équilibre, de façon passablement consciente. L'efficacité de la méthode croit grandement avec l'usage, il ne faut pas s'en priver. Elle s'intègre assez bien dans le mode de vie. C'est comme si on rendait plus concret en soi les différents points de vue qu'on adopte. L'habitude permet de passer de l'un à l'autre sans grande difficulté, sans grande contrainte. L'innovation, l'adaptabilité et une grande détente s'ensuivent.

D'autres aspects de la vie intérieure

Bien qu'il ne s'agisse pas d'une approche psychanalytique, il est question, depuis peu, de «prendre soin de l'enfant en soi», lequel ne représente pas le ça, mais bien l'enfant réel qui vit encore en nous à l'état résiduel. Il est possible de le rencontrer et de le consoler des peines que représente le fait d'être adulte. Il est possible de prendre un peu plus soin de lui… et de se gâter, par la même occasion.

Chaque individu est aussi constitué d'aspects des deux sexes. Nous avons intégré, de nos parents et des gens qui importaient dans notre enfance, des attitudes, des comportements, des idées, des valeurs, etc. Nous avons des modèles de ce qu'est «un homme» et de ce qu'est «une femme». Nous avons des attitudes masculines et féminines. Pourquoi parfois ne pas leur laisser la parole?

Dans la discussion sur la psychanalyse, nous avons mentionné que parfois, en jouant avec les méthodes dissociatives, on pouvait avoir l'impression d'une quatrième force, qui se situerait au-dessus des autres instances. C'est ce que certains appellent le *moi supérieur* (notre propre entité supérieure); c'est aussi ce que l'on appelle parfois notre guide intérieur ou notre être suprême. Ce n'est pas le surmoi, car il ne débat pas de convenances sociales ou morales. C'est une partie de soi un peu moins terre à terre, un peu comme si les enjeux ordinaires de la vie ne l'intéressaient pas. Cette part de soi a des perspectives qui englobent plusieurs années, voire la vie entière. Cette partie est en quelque sorte «séparée de la réalité quotidienne», si bien qu'on a parfois l'impression qu'il s'agit d'une entité extérieure. On peut la consulter, elle peut offrir un point de vue intéressant.

Ça fait bien du monde dans une tête ! Il faut donc se souvenir que celui qui a le dernier mot, c'est celui qui paie l'épicerie et les comptes de taxe. Comme il est l'acteur principal, qu'on lui laisse le beau rôle ! Si le cœur vous en dit, vous pouvez discuter avec les différents aspects de votre personnalité. Il n'est pas dit toutefois que c'est la recette miracle pour accéder au bonheur. Cependant, si vous avez, avec vous-même, une attitude qui permet tous ces jeux, votre existence ira probablement beaucoup mieux. Un être polyvalent et souple est difficile à acculer au pied du mur. Mieux vous comprendre augmente votre capacité à vous adapter. Se considérer soi-même comme une personnalité multiple (avec réserve et contrôle, tout de même), ou comme une personnalité à multiples facettes, permet de lâcher prise plus facilement. Lorsqu'un aspect de la personnalité se trouve en difficulté, un autre prend le relais en proposant d'autres types de solutions et d'actions.

Cela permet une gestion beaucoup plus saine de nos énergies et une conscience beaucoup plus accrue des tensions qui nous habitent, cela permet également de tenir vraiment compte de soi dans l'ensemble des activités, avec plus d'intelligence et de souplesse. Et tout cela prend harmonieusement place dans le coffre à outils du lâcher prise.

ANNEXES

ANNEXE I
RESSOURCES UTILES

Les ressources utiles quant au lâcher prise sont : tout ce qui vous intéresse, vous divertit, vous motive, vous donne l'impression que la vie vaut la peine d'être vécue. Il est donc strictement impossible de couvrir toutes les possibilités.

À peu de frais, vous pouvez trouver des idées dans les journaux locaux, auprès des associations de bénévolat, des groupes d'entraide et des centres de loisirs, faire des expéditions à vélo ou à pied, prendre des cours de cuisine, etc. Les quotidiens offrent aussi de nombreuses ressources, notamment dans leurs rubriques *Quoi faire* ou *Expositions*. Les possibilités de rencontrer de nouvelles personnes ou expérimenter d'autres aspects de la vie sont vastes et variées.

Si vous avez besoin d'aide plus pointue, vous pouvez consulter le service de référence de l'Association des Psychologues du Québec au 514-353-7555 ou, sans frais, au 1-877-353-7555. *www.apqc.ca.*

Vous pouvez aussi appeler l'Association internationale des thérapeutes et psychothérapeutes d'approche éclectique au 450-689-0240 ou visiter son site : *www.aitpae.ca.*

Phobie Zéro, soutien pour phobiques et agoraphobes, offre une ligne d'écoute et d'information au 514-276-3105 et un site Web : *www.phobies-zero.qc.ca.*

L'Ordre des psychologues du Québec, pour sa part, n'offre pas de service de référence pour obtenir de l'aide, mais vous y trouverez de nombreuses publications qui pourraient vous intéresser. *www.ordrepsy.qc.ca*

ANNEXE II
SITES INTERNET CONSULTÉS

Note : les sites sont numérotés pour fins de repérage seulement. La numérotation n'est en aucun moment un indice d'importance ou de valeur. La recherche initiale a été faite en 2000, à l'aide de Copernic, sur le Web francophone, mais sa mise à jour a été effectuée une première fois en 2007, puis en 2009, en utilisant le moteur de recherche Google.

1. Des psychologues humanistes branchés !

www.infopsy.com
Ce site extrêmement riche regorge d'information en matière de psychologie humaniste et fournit des moyens pour mieux vivre, mais également les services d'une équipe de psychologues chevronnés. On y retrouve notamment un « coffre d'outils » pour faciliter l'exploration de soi, découvrir des trucs pour la vie de couple, etc. Le site offre de nombreux liens intéressants.

2. Sur la psychanalyse

pierrehenri.castel.free.fr
Un site consacré à la « philosophie de l'esprit appliquée à l'histoire et à l'épistémologie de la psychopathologie, de la psychiatrie et de la psychanalyse ». Transcription de nombreuses conférences et comptes rendus. Ce site n'est pas recommandé aux néophytes.

3. Des ressources pour tous les goûts

www.psycho-ressources.com
Le bottin francophone des professionnels de la psychothérapie. On y retrouve les coordonnées de psychothérapeutes de France et du Québec,

des suggestions de publications, de livres et de magazines, des liens vers des articles thématiques, des réflexions et des conférences en ligne. Un lien aussi vers le site : *www.psynergie.com*, lequel est un annuaire et un moteur de recherche en psychologie. Très, très complet : recherche par thème ou par spécialisation. La gamme des ressources offertes va de la psychologie générale à la psychiatrie, en passant par le mieux-être, la psycho-spiritualité, l'art-thérapie et les problématiques variées.

4. Le transpersonnel et l'approche spirituelle holistique en psychologie

www.psychologietranspersonnelle.com
Le psychologue Frédéric Hurteau propose des conférences, des stages, des thérapies et même des voyages organisés en Asie. On peut également commander des cassettes audio, dont une porte spécifiquement sur le lâcher prise. Le site comprend des textes et des réflexions.

5. Un site consacré au lâcher prise

www.lacher-prise-comment.com
Il s'agit du site de Dolores Lamarre, auteure et conférencière. Propositions de stages, de conférences et d'ateliers sur le lâcher prise à l'Institut Dolores Lamarre, en Montérégie, mais aussi en France et en Belgique, des articles intéressants, une bibliographie de ses livres, qu'on peut se procurer en ligne.

6. Conférence en ligne

www.acsq.qc.ca/down/47638.ppt#256,1,Diapositive 1
Le lâcher prise : stratégie de maintien personnel et atout professionnel. Conférence de FRP Groupe-conseil pour l'Association des cadres scolaires du Québec.

7. Article de Nicolas Sarrasin

www.anima-conferences.com/doc/nicolas_sarrasin_lacher-prise.pdf
Nicolas Sarrasin, conférencier, formateur, coach et auteur, signe un article très intéressant dans le magazine *Mieux-Être* (vol. 2, n° 11, juillet-août 2007) sur le sujet. Il y révèle, notamment, sept manières de lâcher prise.

8. L'Art du bonheur

www.artdubonheur.com
Portail créé par Nicolas Sarrasin : un site qui rend heureux ! *L'Art du bonheur* décrit sa mission comme suit : « devenir le meilleur portail pour vous aider à augmenter votre aptitude au bonheur grâce à des ressources, des informations, des services, etc. [...] Toute l'équipe du portail *L'Art du bonheur* travaille ainsi de concert dans un seul but : vous aider à être heureux ! » Une foule de ressources, un annuaire du bonheur, des outils de toutes sortes et un site qu'on visite avec le sourire !

9. Êtes-vous dans le contrôle ou le lâcher prise ?

www.ecoutetoncorps.com/ressources_en_ligne/chron_estvous_controle_f.php
Différentes chroniques et témoignages du centre Écoute ton Corps, portant sur de nombreux thèmes : la culpabilité, la colère, la confiance en soi etc.

10. Guide d'exercices

www.eternelpresent.ch/lacher_prise.html
Ce site présente d'abord un texte qui vous rappellera brièvement ce qu'est le lâcher prise. Dans la barre de menu, à gauche, cliquez sur « pratique » pour accéder à une liste d'exercices simples portant notamment sur la relaxation, le silence intérieur, la respiration, etc. Les liens sont surtout orientés vers des sites un peu plus ésotériques, mais pour ceux qui apprécient, il peut s'agir de ressources intéressantes.

11. Démythifier le changement

www.oserchanger.com/lacher _prise.php

Vous trouverez sur ce site de très nombreux articles favorisant le mieux-être en milieu de travail, dans le couple, etc. Captivant !

12. Discipline de l'éveil

www.radio-canada.ca/par4/tran/_prog7jrs/intro_sept.htm

Programme d'entraînement en sept étapes de l'émission *Par quatre chemins*, animée par Jacques Languirand, à la radio de Radio-Canada. La relaxation, la respiration, le rappel à soi et le lâcher prise font partie des sujets abordés. Un site riche, d'un grand intérêt, avec des versions audio en prime !

13. *Life of Learning Foundation* – Site de Guy Finley

www.guyfinley.com

Guy Finley est l'auteur du livre *Lâcher Prise, La clé de la transformation intérieure.* Il y a là des extraits de discussions et des entrevues. Il est possible de commander des livres, des vidéos et des enregistrements de conférences. Cet auteur est en général apprécié du public et a eu une certaine influence sur la psychologie populaire (en anglais seulement).

14. Sélection francophone de livres « inspirants et positifs »

www.granby.net/~d_lag/livres.htm#comm

Le site se nomme « Livres de D. Laguitton et bibliographie » : pensées quotidiennes pour la recherche de l'enfant en soi, interprétation du *Tao Te King* de Lao-Tseu, dépendance, entraide, spiritualité, nombreuses propositions de lecture pouvant éclairer la démarche de ceux et celles qui cheminent entre dépendance et détachement serein. Ce site est intéressant, il offre un bref résumé pour chaque titre proposé. Il est à noter que le titre *Lâcher prise et trouver la vie*, paru en 1994, est épuisé chez les libraires, mais l'auteur en aurait encore quelques exemplaires.

15. Les messagers spirituels

www.chez.com/emeraude2/

Si vous aimez cette affirmation : « Nous ne sommes pas des humains vivant une expérience spirituelle, nous sommes des êtres spirituels vivant une expérience humaine », alors ce site peut vous plaire. Allez explorer, il y a des trouvailles à faire. Pour entrer, il faut cliquer sur « Émeraude ».

16. Le type de démarche proposé par le lâcher prise...

www.ulg.ac.be/geoeco/lmg/articles/evalu_ere.html.

... est appliqué à l'évaluation en éducation à l'environnement. Le texte de Christine Partoune a été signé en 1998 et est toujours d'actualité. Il n'est pas nécessaire de maîtriser tous les aspects du sujet pour trouver le texte intéressant. Même si l'ensemble est enrobé du jargon propre à cette spécialité, le type de remises en question suscitées par le lâcher prise y est bien représenté. La démarche est bien faite, bien structurée.

17. Un peu de philosophie

www.geocities.com/Paris/Salon/2597/Aimer.html

Aimer penser mourir : réflexions du philosophe québécois Jean-Luc Gouin, dont quelques lignes proviennent du texte *Hegel ou de la Raison intégrale*. Il y est question de l'amour, de l'union, de l'autre et de soi.

18. Trouvez ce que vous cherchez

www.alaphobie.com/BibliographieD.htm

Des internautes ont fait part de leur appréciation de certains sites dans des domaines comme l'angoisse et l'anxiété, la dépression, les émotions et les phobies. Les sites sont présentés par rubrique, et chacun fourmille de renseignements utiles (en anglais seulement).

19. « Le site qui en connaît un rayon »

www.rayon-livres.com/cgi-bin/pg-shoppro.cgi
Le site où se procurer des livres en psychologie, en développement personnel, en thérapie énergétique ou manuelle. Vraiment riche et complet, à explorer.

20. Pour se soigner autrement

http://www.medecines-douces.com/impatient/254mar99/retrouv.htm
L'Impatient est le site de la revue *Alternative Santé*. Orienté vers le mieux-être et les méthodes de relaxation. Depuis www.medecines-douces.com, il est facile de s'orienter dans plusieurs directions, selon vos intérêts.

21. Laissez-vous émerveiller

bonheurpourtous.com
Cliquez sur « beaux textes », dans le menu de gauche, et vous trouverez des centaines de textes, tous plus beaux les uns que les autres, sur des thèmes tels que « accueillir », « aimer », « se connaître », « se libérer », « espérer », etc. Intéressant, très valable. À explorer.

22. Méditer et se découvrir

www.falundafa.org/fr/overview.htm
Le *Falun Dafa* (aussi appelé *Falun Gong*) est une forme ancienne de *qi gong* pour raffiner le corps et l'esprit par des exercices spéciaux et la méditation. Il se distingue des autres pratiques de *qi gong* en agissant non seulement sur l'aspect physique, mais aussi sur l'aspect moral dans la vie quotidienne, selon des principes très élevés, enseignés par Me Li Hongzhi, le fondateur du Falun Dafa. Pour en savoir plus et apprendre comment s'initier.

ANNEXE III
BIBLIOGRAPHIE

Vous trouverez sous cette rubrique un ensemble de titres pouvant vous être utiles dans votre démarche de lâcher prise. Les titres proposés sont généralement disponibles en librairie, la plupart en réédition.

Livres du Centre interdisciplinaire de Montréal

Ces auteurs présentent leur pensée d'une façon compatible avec les perspectives rationnelles émotives.

AUGER, Lucien, *Communication et épanouissement personnel, la relation d'aide*, Les Éditions du CIM, Les Éditions de l'Homme, Montréal, 1972, 166 p.

AUGER, Lucien, *S'aider soi-même, une psychothérapie par la raison*, Les Éditions du CIM, Les Éditions de l'Homme, Montréal, 1974, 168 p.

AUGER, Lucien, *Vaincre ses peurs*, Les Éditions du CIM, Les Éditions de l'Homme, Montréal, 1977, 205 p.

AUGER, Lucien, *Vivre avec sa tête ou avec son cœur*, Les Éditions du CIM, Les Éditions de l'Homme, Montréal, 1979, 157 p.

AUGER, Lucien, *L'amour, de l'exigence à la préférence*, Les Éditions du CIM, Les Éditions de l'Homme, Montréal, 1979, 140 p.

AUGER, Lucien, *Penser heureux*, Les Éditions du CIM, Les Éditions de l'Homme, Montréal, 1981, 119 p.

AUGER, Lucien, *Se guérir de la sottise*, Les Éditions du CIM, Les Éditions de l'Homme, Montréal, 1982, 111 p.

AUGER, Lucien, *Prévenir et surmonter la déprime*, Les Éditions du CIM, Les Éditions de l'Homme, Montréal, 1984, 142 p.

AUGER, Lucien, *21 jours pour apaiser votre anxiété*, Les Éditions du CIM, Montréal, 1994, 142 p.

BOISVERT, Jean-Marie et Madeleine BEAUDRY, *S'affirmer et communiquer*, Les Éditions du CIM, Les Éditions de l'Homme, Montréal, 1979, 296 p.

BRANDEN, Nathaniel, *La psychologie de l'amour romantique*, Les Éditions du CIM, Les Éditions de l'Homme, Montréal, 1981, 213 p.

DUVAL, Jean-Marie, *Vivre à deux : plaisir ou cauchemar ?*, Les Éditions du CIM, Les Éditions de l'Homme, Montréal, 1984, 200 p.

Dans d'autres maisons d'édition

AUBIER, Dominique, *La face cachée du cerveau*, Les Éditions Dervy, Paris, 1992, 365 p.

BANAS, Sandrine, *Une méthode simple pour lâcher prise*, Éditions Dangles, France, 2007, 75 p.

CHAREST, Nicole, *Petites douceurs pour le cœur*, Éditions Un monde différent, Montréal, 2009, 192 p.

DOUCET, Denis, *Savoir lâcher prise – Souffrez-vous de suradaptation ?*, Ixelles Éditions, Bruxelles, 2009, 224 p.

FINLEY, Guy, Lâcher prise, *La clé de la transformation intérieure*, Le Jour, 1993, 198 p.